**QUER SABER? VOU SER EMPRESÁRIO!
PRONTO, FALEI**

Editora Appris Ltda.
1.ª Edição - Copyright© 2025 do autor
Direitos de Edição Reservados à Editora Appris Ltda.

Nenhuma parte desta obra poderá ser utilizada indevidamente, sem estar de acordo com a Lei n°
9.610/98. Se incorreções forem encontradas, serão de exclusiva responsabilidade de seus organizadores. Foi realizado o Depósito Legal na Fundação Biblioteca Nacional, de acordo com as Leis n°s
10.994, de 14/12/2004, e 12.192, de 14/01/2010.

Catalogação na Fonte
Elaborado por: Josefina A. S. Guedes
Bibliotecária CRB 9/870

Z888q 2025	Zorzenão, Ismar Quer saber? Vou ser empresário! Pronto, falei / Ismar Zorzenão. – 1. ed. – Curitiba: Appris, 2025. 100 p.; 21 cm.
	ISBN 978-65-250-7351-4
	1. Empreendedorismo. 2. Empresários. 3. Negócios. I. Título.
	CDD – 658.1145

Appris *editorial*

Editora e Livraria Appris Ltda.
Av. Manoel Ribas, 2265 – Mercês
Curitiba/PR – CEP: 80810-002
Tel. (41) 3156 - 4731
www.editoraappris.com.br

Printed in Brazil
Impresso no Brasil

ISMAR ZORZENÃO

QUER SABER? VOU SER EMPRESÁRIO! PRONTO, FALEI

Curitiba, PR
2025

FICHA TÉCNICA

EDITORIAL	Augusto V. de A. Coelho
	Sara C. de Andrade Coelho
COMITÊ EDITORIAL	Marli Caetano
	Andréa Barbosa Gouveia (UFPR)
	Edmeire C. Pereira (UFPR)
	Iraneide da Silva (UFC)
	Jacques de Lima Ferreira (UP)
SUPERVISORA EDITORIAL	Renata C. Lopes
PRODUÇÃO EDITORIAL	Sabrina Costa
REVISÃO	Cristiana Leal
DIAGRAMAÇÃO	Amélia Lopes
CAPA	Renata Carvalho Babst Seleme
REVISÃO DE PROVA	Ana Castro

A vida nos deu a oportunidade de sermos úteis.

*Homenagem ao primeiro empreendedor
que conheci e com quem por pouco tempo convivi.*
José Brolin
*Pensava muito, ouvia tudo, falava pouco,
tinha dois grandes ouvidos e uma pequena boca.*

Apresentação

Procura-se:

Candidatos a empresários, criadores de sistemas ou simplesmente os doidos para terem seu próprio negócio.

Com ou sem experiência. Jovens, idosos, homens, mulheres e todos os demais gêneros aplicáveis ao ser humano.

Benefícios: nenhum.

Ganhos: você quem vai dizer.

Dá-se preferência aos inexperientes. Em especial, àqueles que sabem quanto dinheiro há no mundo, porém no bolso dos outros, e acreditam que uma boa quantia desse precioso produto poderá chegar até suas mãos, se encontrarem o caminho para consegui-lo.

Dispensam-se candidatos que acreditam que o dinheiro não traz felicidade e aqueles que dizem a retrógrada frase: "Aquele tempo que era bom".

A história me foi contada assim.

Em uma cidadezinha à beira de uma grande pedreira, na província de Huíla, sul de Angola, África, a senhora Navita e sua netinha Yellen, uma garotinha sapeca de 6 anos de idade, voltavam da escola. Era a rotina de todos os dias. O trajeto era sempre o mesmo, passava em frente à casa do vizinho Arnold, um artesão que trabalhava com a matéria-prima mais abundante da região. Pedra.

A mãe de Yellen quase nunca a buscava na escola, estava sempre ocupada atendendo em sua lojinha, no posto de combustível ao lado da rodovia. Vendia ali vários tipos de lembranças, como algumas corujinhas de pedra feitas por Arnold.

Certo dia, quando passavam em frente à casa de Arnold, a senhora Navita e Yellen ouviram o *tim-tim* do metal na pedra.

O portão estava entreaberto, e, aproveitando a oportunidade, as duas, da entrada mesmo, viram Arnold quase de costas para elas e diante de uma grande pedra de cor palha. Batia sua ferramenta na pedra. Isso era normal, mas nunca em uma pedra tão grande.

A senhora Navita perguntou:

— O que está aprontando dessa vez, Arnold?

O artista, sem levantar a cabeça, respondeu:

— Encomenda do senhor Hoji. Nada de mais.

As duas se foram, e o mundo andou normalmente com o *tim-tim* diário, até a noite, às vezes. Todos em volta já estavam acostumados com esse barulhinho, nem ligavam.

Passaram-se duas semanas. Agora, silêncio total, sinal de que Arnold terminou o que estivera fazendo.

Avó e neta entraram direto, e lá estava Arnold alisando o que estava sobre o pouco do que restou da pedra, **um leãozinho**.

Senhora Navita e Yellen ficaram paralisadas, pois o *bichinho* parecia ter vida, lisinho, alegre, saudável.

As duas, encantadas, permaneceram caladas por um tempão, até que a garotinha quebrou o silêncio e perguntou:

— Tio Arnold, como você sabia que ele estava aí dentro?

Dentro das pedras das pessoas, hibernam as mais notáveis ideias. De um jeito ou de outro, mais cedo ou mais tarde, essas ideias poderão ser reveladas. Sugerido ficar atento.

Prólogo

Partindo da premissa que este livro está, neste momento, em suas mãos, suponho que você procura se encontrar como empreendedor e busca, portanto, ter seu próprio negócio.

Se é isso, começamos bem. O tema aqui será desenvolvido sobre três palavras que se entrelaçam: empreendedorismo, negócio e dinheiro. Quem sabe este livro poderá lhe dar um empurrãozinho, ajudando na formação das suas ideias a realizar seu sonho. Se está bem para você, podemos seguir.

Quem sabe também, por conta desse nosso encontro, um dia seus filhos e netos lhe agradecerão por você ter lido e aceitado as experiências vividas por autores aqui presentes. Foram eles os fornecedores da matéria-prima usada na formação desse empírico trabalho que poderá, creio eu, ajudá-lo a criar algo de importância.

Afinal, não é para isso que estamos no mundo? Fazer a diferença?

Porém, se você é um daqueles convictos de que o dinheiro não traz felicidade, mesmo tendo vivido até aqui com a carteira quase sempre vazia, sinto muito. Sugiro parar por aqui e não perder seu tempo, nem o meu.

Os filhos comem os frutos vindos das árvores plantadas pelos pais, sejam elas macieiras ou limoeiros.

Bem-vindo!

Nesses últimos 60 anos, consegui não perder o mundo de vista e não permiti que a curiosidade infantil me abandonasse.

Fiz minha sorte, ouvi, valorizei e arquivei muitas experiências vividas pelos incontáveis vizinhos que tive.

Vi e ouvi deles sobre seus negócios, a trajetória de suas conquistas. Coisas me foram ditas cara a cara, outras por uma simples espiadinha por cima do muro. Todas relevantes. No geral, constatei que pequenas coisas, por vezes um pequeno movimento, determinaram como vidas foram e estão sendo desfrutadas por conta dos feitos realizados pelos antecessores. Famílias inteiras foram moldadas, tanto pelo lado bom quanto pelo lado, vamos dizer, nada bom. Herdeiros vindo dos acertos; filhos estão agradecidos, e os netos certamente agradecerão. Do lado daqueles que não tiveram sucesso, infelizmente, filhos estão sem saber, pagando, e netos pagarão a conta deixada pelos fracassos vindos dos de cima.

O preço é bem alto para herdeiros cujos pais não lutaram por coisa alguma. Aqueles que não se deram nem mesmo a chance de fracassar. O que é pior.

O lado da contramão, por aqui, é o que tem prevalecido, mas não aparecido. É que os criadores de histórias de fracasso quase sempre, de imediato, após seus desastrosos feitos, as têm deletadas.

Muitas vezes testemunhei que certas pessoas — em geral aquelas habituadas por natureza a caminharem pela mão direita — quase sempre, também por um pequeno movimento, trouxeram para si e para os seus uma vida plena de felicidades. Buscaram acertar a todo custo por seu sonho de negócio, não tiveram medo de errar, arriscaram e se deram bem no empreendedorismo.

* * *

O propósito deste livro passa longe de querer ensinar diretamente qualquer coisa.

Se você quer conhecimentos sobre como empreender em nível razoável, por algum meio tradicional, sugiro que procure uma escola superior de empreendedorismo ou uma escola de negócios. Há muitas delas por aí, e você saberá como encontrá-las.

A proposta aqui é levar experiências vividas por algumas pessoas. Método Empírico.

Esse antigo jeito de informar é produtivo, pula a teoria e, em certos casos, pode encurtar caminhos. É um modo simples de passar e receber informações. Sempre exemplificando, mostrando situações e caminhos já trilhados por outros, nesse caso alguns diferentes tipos de negócios de sucesso ou de fracasso.

Esses exemplos, positivos ou negativos, nos interessam igualmente.

Na pesquisa pela procura de um negócio, não devemos ter preconceito com o lado da contramão, desde que a atividade seja honesta. Aliás, parece até que os exemplos de fracassos nos balizam mais fortemente, pois podemos enxergar com mais clareza o lado bom das coisas.

Quem nunca ouviu a frase "é errando que se aprende". Pois é, se temos que errar para aprender, por que não pularmos essa etapa? Usarmos os erros já cometidos pelos outros? Como "Trânsito em Julgado".

Exemplos de erros e acertos há aos montes, em maior quantidade os tropeços. Pode acreditar, há muito mais exemplos de erros que acertos. Porém, erros não se deixam enxergar tão facilmente, pois seus criadores os deletam rapidamente após o ocorrido.

Neste livro, não muitas coisas virão diretamente do autor, o que se verá por aqui, e com certa fartura, são pequenas histórias relatando fatos; umas simples, outras nem tanto, porém todas relevantes.

Essas pequenas histórias estarão sempre ligadas ao tema empreendedorismo, como criar um negócio, muito embora, às vezes, não pareça. Mas sim, estarão sempre vinculadas ao ato de empreender.

Exemplificando, se o assunto posto à mesa é como financiar seu projeto de negócio, não sou eu quem vai orientá-lo. Isso é da competência do setor financeiro dos bancos, e você sabe muito bem o caminho deles.

Quanto a mim, vou apresentar um relato de quem resolveu muito bem uma situação parecida sem ir ao banco.

Se você, caro leitor, estiver por aqui até as últimas páginas deste livro, acredito que possa estar em condições de aceitar aquele empurrãozinho, que talvez esteja faltando para descobrir o que há dentro de sua pedra e finalmente colocá-lo no caminho em busca de seu negócio.

Antes de tudo, vamos deixar claro o que é um empresário, um administrador e, aquele que mais nos interessa no momento, um empreendedor.

Empresário

É o proprietário de uma empresa. O empresário não precisa necessariamente administrar ou gerenciar sua empresa. Também pode não ter sido ele quem criou seu sistema de negócio vigente.

Administrador

É o profissional capacitado para administrar uma empresa ou sistemas. Trabalha como proprietário ou apenas como prestador de serviço.

Empreendedor

É aquele ser visionário, raro, que enxerga o óbvio e as oportunidades. Consegue ver onde se esconde o dinheiro, cria sistemas e negócios. Se me fosse perguntado o que é um empreendedor? Eu diria que é um ser diferenciado, aquele que cheira dinheiro o tempo todo. Alerto aqui, esse mal não tem cura, todavia o presente livro poderá ajudá-lo a controlar seu vício.

* * *

O tema

O assunto tratado aqui não é um romance, como aquela obra prazerosa em que o leitor tem pressa em virar a página e saber o que acontece do outro lado. Não. A virada de página, nesse caso, será lenta e refletiva.

Este material requer paciência e uma boa dose de esforço. Vamos pensar que isso fica já por conta da pesquisa para seu negócio.

Sugiro, se me permite, que sinalize aquilo que chamar sua atenção, para uma sossegada digestão depois. Dizem que um livro sobre empreender não é apenas para ser lido, e sim para ser refletido, até estudado. Insisto um pouco mais. Um romance dá ao leitor uma espécie de relaxamento, o que não desafia o talento de ninguém, já um livro com a pretensão de despertar uma pessoa ao empreendedorismo deve, sim, ser áspero, rude, provocar reações, como um gancho bem acertado no queixo, com o propósito de bagunçar completamente o cérebro do pobre leitor. Isso seria despertar à força um talento.

* * *

O Clube dos Cabeças Brancas

Esse clube foi o maior fornecedor da matéria-prima para a construção deste livro. Exceto a tinta e o papel, o resto veio tudo, ou quase tudo, de lá. O serviço de entrega me foi feito diretamente pelas mãos de seus membros, autores das histórias que serão apresentadas em seguida, os senhorzinhos de cabeças brancas.

A essência do material coletado remete às experiências positivas vividas por esses velhinhos.

O clube tem cerca de 60 associados, porém não muitos entraram nessa lista de fornecedores.

Esses senhores, espertos, lúdicos, orgulhosos do que fizeram pela vida, me entregaram de bandeja suas histórias, as de sucesso apenas, que tiveram um final feliz.

Em quase todos os casos, a mesma coisa. O feliz para sempre é deles e está agora sendo compartilhado e vivido por seus filhos e, em alguns casos, até por netos.

Quanto às histórias daqueles que fracassaram, e que igualmente nos interessam aqui, não vieram elas até mim pelas mãos de seus criadores, nem chegaram em abundância. As poucas que consegui, tive que buscar por vias indiretas. Mais ou menos, peguei-as à força.

Os autores das histórias de fracasso, muitos já fora do radar, sobre eles alguém até me disse que não morreram, mas sim fugiram da terra por causa dos problemas, outros estão vivos, porém escondidos atrás de suas moitas, humilhados pelo resultado do caminho errado que trilharam. Outros, pior ainda, envergonhados pelo que não fizeram. Estes últimos deixaram a conta negativa para seus filhos e netos.

* * *

O momento de criar seu negócio

Às pessoas que encaram a vida com otimismo e alimentam o desejo de ter uma boa conta bancária e que, a todo momento, se sentem incomodadas pelo forte desejo de prosperar com seu próprio negócio, pergunto: qual o melhor momento para criar um negócio? Se é que tem a hora certa para isso.

Na verdade, não encontrei marcado em nenhum calendário o dia, mês e ano para se iniciar uma atividade empresarial. Podemos dizer que o momento certo para criar um negócio seria a hora em que o empreendedor acorda para isso. Todavia, se pudéssemos escolher outro momento, ou a melhor idade, óbvio, seria quando o jovem empreendedor nato enxergasse o empreendedorismo como primeira opção profissional. Antes de se inscrever em um vestibular, quando o garoto ou a garota estivesse diante do espelho e se perguntado: o que vou fazer da vida?

Pergunta importante. Resposta difícil. Até um pouco cruel, eu acho.

Como um garoto ou uma garota recém-saída da adolescência podem enxergar com clareza e segurança o que vão fazer durante uma vida inteira? Muitas pessoas vivem por décadas sem se encontrarem profissionalmente, outras nem conseguem.

Pegar o bonde errado no momento *teen* da vida pode acarretar um alto preço a pagar.

Muitos jovens escolhem suas futuras profissões pelo embalo do grupo. Não se dão a chance de sair do trivial. Posso afirmar que a maioria deles não se pergunta coisa nenhuma a respeito de criar seu próprio negócio. Nem mesmo sabem que existe escola de empreendedorismo, escola de negócio. Uma pena!

Mais tarde, percebem que outro caminho teria sido melhor.

São até comuns histórias de alunos que passam por todo o curso superior, sentindo alguma coisa lhes incomodando e não conseguem identificar o que é.

Quando a conversa é sobre assunto "Pegar o bonde errado", é também comum vir à tona casos de alunos que, durante o curso superior, perceberam que não estavam plenamente satisfeitos com o andamento das coisas. Quando formados, se descobrem empreendedores. Bingo!

Aquela coisinha que os incomodava o tempo todo se mostrou. Chama-se "*Mal do Empreendedorismo*".

Quantos dentistas empresários, professores empresários, médicos empresários! Não teria sido melhor se eles tivessem estudado empreendedorismo como primeira opção?

Não foram apenas três ou quatro gatos pingados que passaram por situações semelhantes. Pesquisas dizem que o número de pessoas infectadas por esse mal é bem grande, em todos os países.

Ouvi sobre o caso de Eduardo que, mesmo antes de entrar para a escola de Medicina, estava incomodado com algumas coisas que sentia, mas não entendia do que se tratava. Durante o tempo em que estivera no curso, ouvia e lia sobre medicina, é claro, porém pensava o tempo todo em como ganharia dinheiro, mais do que como se fazia medicina.

Parecia mais que Eduardo cursava matemática, e não medicina, em razão dos constantes cálculos que fazia, pensando sobre quantas consultas faria por dia, quanto lhe renderia...

Não conseguiu enxergar cifrões suficientes para satisfazer sua pretensão de ganho, então Eduardo abandonou a medicina e foi para a escola de Direito. Pensava que, com esse novo curso, conseguiria dinheiro suficiente para saciar sua sede financeira.

Não chegou a esquentar o banco da nova escola, notou que estava de novo em ambiente incompatível com seus desejos. Ali, só se falava de leis e leis, nada de dinheiro.

Claro que Eduardo enxergava a parte financeira que aconteceria por lá, o dinheiro viria para os bons advogados, pensava. Mas não era exatamente isso, ser advogado, que nosso amigo buscava, o que ele queria mesmo era encontrar uma fórmula mágica para ficar rico.

Eduardo iniciou uma pesquisa bem particular, foi direto ao ponto. Inicialmente, procurou uma escola que o ensinasse a ficar rico. Não encontrou. Eu também nunca vi, nem ouvi falar de alguma escola com uma placa com dizeres:

"Venha! Matricule-se aqui, nós lhe ensinamos a ficar rico".

Você já viu alguma? Será que existe? Existem, sim, escolas em bom nível, que se propõem a ensinar o empreendedorismo.

Exceto as escolas de empreendedorismo, as demais, até onde sei, propõem-se e cumprem, preparam seu aluno para prestar serviços, como se pensassem que todos devem ser empregados, e não os preparam para serem patrões.

Você aceita ver alguns exemplos? A escola de Engenharia Civil prepara seu aluno para ser um engenheiro, ou seja, para projetar, calcular, mas não dá ênfase em ser empresário da construção civil. A escola técnica ensina o aluno por meses a trabalhar com eletricidade, e não pergunta se ele gostaria de ser um empresário na prestação de serviços. A escola de Medicina prepara o aluno para ser médico, atender pacientes e não mostra muita coisa de como ser dono de hospital. A escola prepara o professor para exercer a mais nobre das profissões, ensinar, mas não o prepara para ser dono de colégio.

Por isso, não havia ninguém para ensinar nosso amigo Eduardo a ficar rico. Pena! Se encontrasse a tal escola, certamente ele terminaria o curso com louvor e, bem provavelmente, seria aluno destaque.

Percebeu, caro leitor, que Eduardo mostrou ter o empreendedorismo correndo em suas veias? Mas ele mesmo não havia enxergado isso ainda.

Incansável, buscou por uma escola de empreendedorismo e se matriculou. Se você apostou que Eduardo seria o aluno destaque, errou. O ambiente era bem adequado e confortável para ele, todos falavam o mesmo idioma, as três palavras que mais agradavam a Eduardo eram proferidas de minuto em minuto, empreender, negócios e dinheiro. O assunto em pauta era sempre agradável aos seus ouvidos. O assunto vinha em overdose. O tema tomava conta do recinto o dia todo. Eduardo se sentia feliz tal qual um pinto no lixo.

Ao término do curso, figurava no meio da lista de aprovados, um pouquinho para baixo até, e se deu por satisfeito com seu desempenho.

É que a biblioteca de sua escola estava completa, tinha tudo sobre empreendedorismo, mas seus estudos foram feitos quase todo do lado de fora.

Eduardo, sem saber ainda, procurava o que estaria dentro de sua pedra. Seu pensamento voava por todas as rotas e não pousava em nenhuma ideia. E continuou. Eduardo sentiu a necessidade da pesquisa, entendeu que deveria caminhar sozinho. E andou.

A primeira pergunta que se fez foi: por que os ricos são ricos? O que fizeram para serem ricos? O que estudaram? Em quais escolas? A pesquisa andou, obteve as respostas. Surpresa!

Muitos dos endinheirados fizeram escola sem nenhuma conexão com as atividades que os fizeram ricos. Alguns não cursaram faculdade alguma, outros, dada sua pressa em empreender, nem fizeram o curso médio.

Não estou desestimulando ninguém a estudar em uma escola superior, imagina! O que pretendo com essa história é mostrar que, em certas pessoas, o empreendedorismo está incrustado tão fortemente que o futuro empresário não tem a devida paciência para esperar por seu futuro, quer fazer acontecer logo. Isso nem sempre é pelo dinheiro apenas, muitas vezes é motivado pelo simples prazer de empreender. É um dom. A visão empreendedora detecta coisas que os olhos comuns não enxergam . Um empreendedor nato tem comportamento um pouco parecido com os filósofos, pois é capaz de enxergar o óbvio bem mais cedo que um ser humano normal.

Eduardo, por ser um deles, finalmente enxergou o óbvio. Viu claramente que não seriam os anjinhos do céu que o ajudariam nessa busca.

Daí, o caminho, SER AUTODIDATA.

Pesquisou, encontrou o que havia dentro de sua pedra, planejou, executou, prosperou e comentou:

A verdadeira graduação na escola de empreendedorismo vem quando enxergamos o que há dentro de nossa pedra.

Pessoas "vestibulandas da vida", com 20, 30 ou 40 anos, até mesmo em idades mais avançadas, abençoadas com o sangue do empreendedorismo e que não tenham ainda enxergado o caminho para seu negócio, poderiam se beneficiar das ideias já experimentadas relatadas aqui.

Neste livro, há histórias vividas por personagens, positivos e negativos apenas. Deixei de lado os indiferentes, estes não são importantes, pois não lutaram por nada, não contribuíram em nada, não se deram a chance de errar. Mal saíram da dependência dos pais e entraram para a dependência dos filhos.

A indiferença classifica um ser humano como uma pessoa quase nada.

* * *

A história a seguir provavelmente não parecerá, em um primeiro momento, que está conectada ao tema empreender, mas está sim, e muito tem a ver com a proposta deste livro.

É sobre o primeiro encontro do professor Lecco com o comandante Valmor. Aos 59 anos de idade, professor Lecco deixou as funções que ocupava na empresa da família nas mãos de seu filho mais novo, o mais velho tinha o posto máximo no comando dos negócios, e saiu em busca de algumas aventuras que não fizera na juventude, uma delas, pilotar avião.

Pesquisou que tipo de voo e que categoria de aeronave seriam ideais para o esporte. Escolheu o voo mais amador possível, e a aeronave, a de categoria EXPERIMENTAL.

Professor Lecco ligou para uma escola de voo, falou sobre sua intenção de fazer o curso de piloto desportista e foi prontamente convidado pelo dono da escola para uma visita a fim de conhecer as aeronaves disponíveis.

A visita

O proprietário da escola, comandante Valmor, um senhor de 60 anos de idade, com uma boa dose de simpatia e uma bela história na aviação Experimental, recebeu o professor.

Após mostrar as aeronaves — uma asa alta fabricada em Belo Horizonte, Minas Gerais, maravilhosa, outra também asa alta, e não menos maravilhosa, fabricada em Salvador, Bahia —, o comandante propôs um voo de demonstração.

Os dois voaram por 20 a 30 minutos. O professor Lecco se encantou, nunca tinha voado àquela altura. Era lindo ver a paisagem a 200, 300 metros do solo. Um barulho enorme, sacolejo de todo tipo, não dá para saber se a aeronave está com altura suficiente para cruzar o cume de um morro à frente. A primeira vez é assim mesmo. Nossos olhos não estão ainda acostumados a esse tipo de visão. Tudo foi emocionante, o professor Lecco estava em êxtase até que... na saída, o comandante Valmor disse: "Professor Lecco, a primeira coisa que você deve fazer é ler tudo sobre acidentes aéreos nessa categoria Experimental".

Isso foi um balde de água fria para o professor. Após encantos/desencantos, que loucura? Não é para menos. Depois de um voo completo de emoções, o homem me vem com essa de revirar histórias de acidentes. Coisa bizarra!

Pior que não.

Enxergar as coisas certas com base nos erros já acontecidos encurta caminho. Alguém já errou por nós. O professor Lecco entendeu isso, leu tudo o que havia disponível sobre acidentes aéreos na categoria experimental da época, fez o curso e foi feliz voando por 12 anos.

Essa é uma dica, *Método Empírico*.

Uma das qualidades de um bom piloto é a capacidade de concentração, do empreendedor também. O empreendedor deve estar sempre atento à sua ideia de negócio, desde quando acorda, até um pouco antes. Como assim? Eu explico.

É que, quando acordamos, a primeira coisa que fazemos é abrir os olhos. O empreendedor não, antes de abrir seus olhos, ele começa a pensar em sua ideia de negócio, depois de um tempão, aí sim, abre os olhos e continua a pensar.

* * *

O conhecimento empírico pode ser usado para empreender.

O Empirismo é a filosofia da experiência. Os filósofos empiristas mais importantes foram: Locke, Berkeley e Hume. Os três eram britânicos e viveram bem mais próximos de nossos dias. Eles estavam com um pé no passado e outro perto das grandes inovações. Viam ao longe os engenhos e as engrenagens que iniciaram os feitos do mundo atual.

Assim, o Empirismo é um jeito prático de mostrar como o homem tem experimentado o mundo, tanto na vida pessoal quanto nos negócios.

Caro leitor, se você tem realmente a intenção de empreender, criar seu negócio, seja paciente, não menospreze coisas que lhe pareçam desnecessárias. Se é um empreendedor, tem jeito para criar negócios ou sistemas, o que lhe falta? Talvez deixar o ego de lado, disciplinar seu talento e ser feliz.

Empreender é como a própria vida, tudo maravilhoso, mas nada fácil. No empreendedorismo, as coisas não chegam tão docilmente, não é como um cachorrinho que delicadamente vem e pula em nosso colo; às vezes, é como um leão feroz; se queremos domá-lo, temos que agarrá-lo com todo o poder das forças que temos.

No empreendedorismo, as coisas não vêm facilmente nem de graça. Não há benefício sem sacrifício. Tudo é trabalhoso, há que se exercitar muito o tal D da dedicação.

Contudo, estamos vivendo a época mais propícia para empreender, o que torna a possibilidade de realizar um novo negócio mais fácil. Estamos longe da Idade Média, felizmente, e temos um bom tempo de uso no campo do empreendedorismo, vivido e experimentado por nossos antepassados recentes.

Todos os problemas ficaram no passado, estamos distantes da Idade Média, repito, época maldita em que, se um indivíduo pensasse em empreender, o tempo lhe diria não. A cidade de uma pessoa era seu mundo, hoje o mundo inteiro é sua cidade. O caminho está pavimentado e pronto para empreender. Mesmo assim, conduzir um negócio requer dedicação e disciplina.

Certa vez, perguntaram ao professor Lecco: "é difícil consolidar uma empresa?

Sua resposta foi: "Não, não é difícil. O mais complicado vem nos primeiros 20 anos, depois até que vai bem".

É raro encontrar uma empresa que não tenha tido grandes percalços nas suas primeiras décadas de vida. Há quem diga: uma empresa, nos seus primeiros anos, para sobreviver, quase morre!

A um produtor de vinho, a pergunta foi: "é difícil produzir vinho?". A resposta: "Não, o mais complicado são os primeiros 200 anos".

É bem isso, o negócio nunca vai estar completamente pronto, sempre haverá necessidade de ajustes, porém, isso não é problema, apesar de que não fomos nós que criamos o mundo, todavia, podemos sim participar de suas reformas e melhorias.

Neste livro, tentarei encurtar as coisas, aliás, já estou fazendo isso, vou facilitar as coisas o máximo possível, mas não prometo deixar de lado histórias aparentemente alheias ao empreendedorismo. Exemplificar, especialmente o lado negativo das coisas (pena que não tenho muitos casos desse tipo), de imediato, nos deixa mais distante do perigo.

Então, empreender é perigoso? Não, claro que não. Tem seus riscos, mas não é perigoso . O que quero dizer é que empreender não é tão simples nem tão fácil.

Na verdade, não é para qualquer pessoa, como aquela que cai de paraquedas gritando: "viva! Quer saber? Vou ser empresário. Pronto, falei!". Isso não é mesmo. Antes de qualquer coisa, há a necessidade de reconhecer-se como empreendedor.

Exige-se do empreendedor uma boa dose de talento e cuidados especiais com os três Ds: Desejo, Dedicação e Disciplina.

Quanto ao talento, nada poderá substituí-lo, todavia, em certos momentos, o talento pode andar meio que devagar, daí um certo empurrãozinho vai bem. Isso se faz com o poder da mente criativa e disciplinada.

Quando nascem os novos negócios? Quando o ambiente estiver preparado. E como acontecem? Quando aplicando a uma ideia comercial, a força dos três Ds: Desejo, Dedicação e Disciplina.

Desejo de empreender

Como conferir se seu desejo para realizar um negócio é real? Buscando respostas. Você se sente uma pessoa autônoma? Se sente bem quando toma decisões? Você aceita e gosta do novo? Renunciaria ao horário? Noite ou dia, a mesma coisa? Pode ser? Você se sente capaz de fazer a diferença em alguma coisa? Está capacitado? Pode se preparar para empreender? Consegue enxergar a diferença entre aceitar docilmente aquilo que os outros falam e as ideias vindas de você mesmo?

O empreendedor nato está sempre se perguntando: isso dá dinheiro? Como fazer isso funcionar? Não se cansa de perguntas, nunca.

Para encontrar a mais original das respostas, uma sugestão é que você leia este livro e outros nove sobre o tema. Faça perguntas a todos os dez, e não acredite cegamente em nenhum. Depois refaça todas as perguntas a si mesmo. Agora sim a ideia mais próxima da realidade e a mais apropriada para seu negócio é essa última, a sua. O empreendedor nato é órfão, não tem muito a quem recorrer. Isso não é ruim, pois o grande livro que poderá ajudá-lo já foi escrito e está dentro da sua cabeça.

Contudo, no campo de se criar um negócio ou sistema, muitos sinalizadores já existem e estão prontos para nos ajudar. Pode-se, a qualquer momento, pegar as experiências vividas por muitos e relatadas por tantos. Se o sonho do momento é criar algo inédito, que é a graça completa da coisa, temos centenas de ferramentas disponíveis, para dar asas a qualquer imaginação.

* * *

O desejo de empreender está presente em seis de cada dez brasileiros, creio que nos demais países o percentual está perto disso.

Pela internet fomos avisados que o mundo está pronto e esperando pelo empreendedor. O ambiente está preparado. Com certeza, há muito mais coisas a serem criadas do que as que aí estão. Isso não é excesso de otimismo.

Dedicação ao empreendedorismo

Nasce do empreendedor a motivação ao trabalho e deve se estender a todos seus colaboradores. A dedicação ao negócio está acima do trabalho, está no patamar da paixão.

Disciplina no empreendedorismo

A disciplina é que vai orquestrar tudo. O que fazer? Como fazer? Quando e por quem?

Vai também ditar a ordem de todas as coisas. O desejo e a dedicação não andariam por muito tempo sem a disciplina.

Empreender é uma mescla de trabalho prazeroso, com prazer no trabalho. Às vezes, se pensa até em não estar trabalhando.

Cumprida a tarefa, e o trio Desejo, Dedicação e a Disciplina funcionando em harmonia, o sonho de empreender se torna realidade ou pelo menos a possibilidade de sucesso é bem promissora.

O resultado positivo de um empreendimento é prazeroso e gratificante todos os dias, e o sucesso financeiro nos enche de orgulho e alegria. Além de espantar o ócio e mandar para bem longe a necessidade e a miséria. Aqueles boletos que antes pareciam grandes não são mais. Os boletos grandes de agora parecem pequenos.

O bolo com que se comemora a satisfação plena é recheado com o prazer no trabalho. Logo, não gostar de trabalhar é o mesmo que não se interessar pela felicidade.

O trabalho, quando está conectado ao desejo de empreender, não é sofrimento, não é renunciar ao sossego ou se afastar de uma vida boa; ao contrário, é acrescentar a ela, a vida, o toque final, a cerejinha que estava faltando.

* * *

A sintomatologia do empreendedorismo

Sintomatologia, substantivo feminino usado na clínica médica. O termo significa o "estudo e a interpretação do conjunto de sinais e sintomas observados no exame de um paciente".

Peguei emprestada a palavra "sintomatologia", contando que ela possa nos ajudar a descobrir se uma pessoa é ou não empreendedora.

Será que você tem em seu "DNA" os quesitos necessários para empreender? Será que andará comigo até o final? Vai ver a última página deste livro? Vai se decidir? Vai se reconhecer como um empreendedor? Ou se decidirá a servir quem é?

Estou perguntando por que os eufóricos, pretensos empreendedores, que entram no baile somente pelo barulho da sanfona, e não se dão conta de que não sabem dançar, podem na primeira turbulência de seu voo, desistir de seu tão sonhado negócio e, claro,

QUER SABER? VOU SER EMPRESÁRIO! PRONTO, FALEI

vão culpar alguém ou alguma coisa pelo seu fracasso, por exemplo, a crise da bolsa da Ilha de Seychelles, o terremoto do Haiti ou, ainda, a nuvem de gafanhotos da Somália. Talvez, optem por descer para a categoria dos indiferentes e entrar para o time dos homenzinhos pequenos. Será?

Empreender é, por natureza, alguma coisa próxima ou parte do dinheiro; aliás, a palavra empreendedorismo tem sempre por perto outras duas: negócio e dinheiro.

O dinheiro é rebelde, forte e arisco, não é fácil de se conseguir, melhor assim. Imagina se o dinheiro fosse vulgar! Qualquer um o teria. Sem valor para todos. Que graça isso teria?

Ao planejar um negócio com o propósito de conquistar sua independência financeira, deve estar capacitado com conhecimento suficiente para atenuar a rebeldia do dinheiro. Fazer com que o saber e o desejo sejam mais fortes que esse produto tão cobiçado.

O conhecimento transpõe barreiras, sempre foi assim. Até um país se faz com homens e conhecimentos. Como poderia ser diferente ao se criar e administrar um negócio?

Um indivíduo capacitado se torna corajoso, assume os riscos de seu negócio e o administra. O empresário preparado, quando dá de cara com o sucesso, não puxa o mérito para si, aproveita a oportunidade para valorizar sua equipe, divide a autoria do sucesso com eles. Quando algo de errado acontece, da mesma forma se comporta com liderança e sabedoria. Não divide a conta do fracasso com ninguém, atribui a si próprio o amargo resultado.

Esse tipo, êxito meu, fracasso seu, não dá certo. Pelo menos nunca vi que tenha funcionado. O melhor lugar para o ego é o lado de fora do escritório.

Para aqueles que entram no empreendedorismo sem se capacitar, a possibilidade de sucesso é tanto quanto o resultado positivo em uma greve de aposentados.

No empreendedorismo, a estrada do saber é necessária e quase sempre infinita.

Continua com a ideia de empreender? Você acredita que pode criar seu negócio? Ótimo! Agradeço a companhia e desejo sorte.

Existe sorte? Sim! Existe, basta criá-la.

Seguimos com perguntas. Como assim? Já perguntamos tudo. Por que continuar? É porque isso dá segurança ao nosso conhecimento. Melhor se acostumar.

Será que você consegue enxergar onde anda nesse momento o dinheiro? Consegue trazê-lo até você?

Estaria disposto a pagar a conta por empreender? E quanto pagaria? Seria capaz de tocar fogo no mundo por conta disso? Você se sente capacitado para executar seu projeto de negócio? Você se vê como um empreendedor? Seu momento é agora? Sua ideia de negócio é comercial? Grande, ou pequena?

Não importa o tamanho do seu projeto de negócio, seja vender pipoca na porta do cinema ou criar uma marca de cosméticos, é necessário estudo e conhecimento para seu desenvolvimento.

Empreender é difícil?

Talvez sim. Talvez não. O grau de dificuldade é relativo. Há quem diga serem pequenas as dificuldades, outros não suportam nem pensar em tal ideia, dado o empenho necessário. Outros acham tão maravilhoso empreender, que nem consideram trabalho. O que posso dizer? Só isso, talvez sim. Talvez não.

Se você está na lista daqueles que enxergam um negócio próprio como prazer, melhor buscar suas respostas. Parece que você tem jeito para isso.

Descubra a palavra de sua vida, aquela que está hibernando dentro da sua pedra, forme com ela uma frase e crie sua própria história.

* * *

Exemplificar é o modo mais impactante que encontrei para aproveitar as experiências vividas pelos desbravadores.

Parece-me que o exemplo negativo tem até mais força que o positivo, pois quase sempre nos mostra com clareza o caminho certo a seguir.

A verdade é que, após a coisa ser criada, desenvolvida, experimentada, tudo fica claro. Lógico! É nesse momento que todos, sem exceção, conseguem enxergar o óbvio.

Se conseguíssemos ao menos perceber a coisa antes de ser criada, ou se pudéssemos ver o que há dentro de nossas pedras, coisas novas e revolucionárias viriam à tona todas de uma só vez e aos montes. Nesse momento, todos seríamos nivelados empreendedores pequenos, sem importância. O mundo está certo como está.

Não sentimos falta ainda daquilo que está por vir, até que seja criado.

* * *

Você conhece a história a seguir, com certeza.

Cerca de dez anos atrás, uma pessoa que precisasse de um transporte pessoal chamava quem? Havia uma única opção, o táxi.

Um jovem senhor chegou em casa um pouco atrasado, e sua mulher o esperava preocupada. Mal ele entrou e foi falando: "querida, tive uma ideia. Estive pensando o dia todo, na verdade há dias venho imaginando, uma coisa mais ou menos assim: tirar uns carros ociosos das garagens de todo mundo e de quebra conseguir uns bons trocados para os donos desses carros".

"Como assim?", perguntou a esposa.

"Não sei bem o nome, parece que se chama plataforma, coisa de internet. Essa dita plataforma ficaria hospedada em um servidor e conectaria o cliente viajante ao proprietário do carro. O viajante saberia exatamente onde está a outra, via satélite. Mais ou menos assim, não sei bem, tenho que ajustar tudo ainda."

A mulher perguntou novamente: "onde você vai comprar essa tal plataforma e quanto isso vai nos custar?".

"Quanto vai custar não sei, e onde comprar, não tem. Não existe ainda, eu devo criá-la."

A mulher, coitada! Suspirou e pensou: "Meu marido endoidou de vez".

Vamos ser honestos, assim de primeira, você também não daria nada por uma história maluca dessas aí, não é? Porém, hoje, a empresa existe, milhões de carros saíram de suas garagens e estão rodando o dia todo por esse magnífico sistema. Não se anda mais apenas de táxi.

Outra vez... após a coisa ser criada, desenvolvida, tudo fica claro e simples.

Logo, se enxergássemos o óbvio, se conseguíssemos ver o que há dentro de nossa pedra, muitas coisas novas e revolucionárias viriam à tona.

Outro malucão, de uma hora para outra, apareceu com aquela coisa que você digita ou fala o endereço para onde quer ir e é só seguir. Vai chegar aonde quer.

Malucos vieram e vêm de todos os lados. No aparelho de TV, procura-se o filme que se quer. Só apertar o botão e assistir, coisa recente. Ou selecione o assunto da pesquisa para seu futuro negócio, e lá vem tudo que se precisa. Mundo maravilhoso. Se tem alguma dúvida, pergunte no grupo, é só clicar no celular, outra coisa de maluco que deu certo e criou dependência em todos nós.

Apesar de os pés terem nascido para andar descalços, o homem criou o sapato e parece que deu certo. A visão empreendedora detecta coisas que os olhos comuns jamais enxergariam.

Estão aí dezenas ou centenas de maravilhosas coisas prontas e disponíveis para facilitar nossas vidas. Todas chegaram pelas cabeças de empreendedores malucos, aqueles que acreditaram e acreditam em si próprio como se ninguém mais houvesse no mundo.

Será que acabou? Será que já criaram tudo? Será que há ainda oportunidades para se criar alguma coisa? As portas estão ainda abertas aos novos empreendedores? Criadores, inventores e outros malucos ousados? Teriam os diretores do universo estabelecido que os portões das criações se fecharam há três ou quatro dias? Será que foi estabelecido, por uma ordem suprema, que tudo já está feito e que não há nada mais a ser criado. O mundo está totalmente pronto. Quem criou, criou, quem não criou não cria mais. Óbvio que não!

Se a humanidade fez o que fez em tempos remotos, o que fará daqui por diante? Veja, os egípcios antigos estudaram o peixe elétrico, e mais tarde surgiu a eletricidade, que abriu caminho para um montão de coisas: automóvel, telefone, avião, acelerador de partículas, relógio atômico, rádio, televisão e outras coisas importantes, que, diante de tanta tecnologia, parecem até geringonças, como geladeira, micro-ondas, máquina de lavar e uma infinidade.

O homem fez e faz transplante de órgãos, foi à Lua, conhece o inimaginável sobre o espaço, sabe tudo sobre aviação, não lhe falta nada mais saber sobre esse último, tudo isso sem internet e sem computador, imagina as peripécias que fará daqui por diante? Se soubéssemos, nossas cabeças explodiriam.

Podemos pensar, então, que estamos vivendo nossa infância tecnológica. Sim, é bem isso.

Quantas coisas virão daqui por diante? É um convite ao raciocínio, à imaginação.

Pintou alguma coisa aí dentro da sua pedra? A página está em branco. Espaço reservado para anotação de sua ideia.

* * *

Em busca de um negócio, em especial aquele ainda não experimentado, fazer perguntas malucas e esperar por respostas quase insanas, não se preocupe! Isso poderá resultar em uma ideia saudável. Pode incluir aí a pergunta, agora não mais maluca: ser pobre ou ser rico? Aquele que experimentou as duas coisas sabe muito bem do que eu estou falando.

* * *

Empreender na antiguidade era possível? E nos dias de hoje? Qual a diferença?

Diógenes, um cínico filósofo, morava em um barril e não possuía nada mais que uma única vestimenta, um saco para pão e um cajado. Dizia que era suficiente para viver *bem*.

O "bem" aqui coloquei por minha conta, é que, imagina um ser pensante, e como pensava esse senhor Diógenes, escolher uma vida abaixo do simples, é porque gostava realmente do quase nada.

Diógenes foi o filósofo cínico mais importante.

Por mais estranho que pareça, esse filósofo, com essa aparente ideia absurda, pode nos ajudar. Como? Hoje, nosso mundo é consumista. Isso! Somos consumistas. Que bom!

Na época do sr. Diógenes, havia pessoas que o seguiam, é claro, e o escutavam. E hoje, teria ele seguidores em seu blog? Só se for por deboche, eu acho.

Em nossos dias, quem, com um pouco de sanidade, optaria por um tipo de vida assim? Viver em um barril, que coisa doida! Se pensarmos vender barril para uso residencial nos nossos dias, seria como vender trono para rei, sino para igreja e coisas desse tipo. Quem compraria?

Você consegue ver alguma coisa aí que eu não vejo? Talvez meu radar esteja enferrujado, não sei.

Porém, ouvindo o filósofo, dando uma chance ao seu raciocínio e aceitando parte de sua ideia, isso poderia sim nos ajudar. Vamos pensar por outro lado, em nosso tempo, as pessoas querem e compram muito além de barris, uma muda de roupa, cajados e sacos de pão. Hoje, as pessoas querem apartamento, em vez de barril, casa de campo, muitas roupas, se for de marca melhor; em vez do saco de pão, querem bolsas elegantes, se tiver uma logo forte, ótimo. Cajados?

Nem pensar. Celular? Sim. Automóveis, viagens, shopping etc. Nossos contemporâneos, mulheres, homens e crianças, desejam e compram milhares de coisas diferentes todos os dias, sem limites até.

Mundo maravilhoso, nos dias de hoje, para se empreender.

* * *

O pretenso empreendedor não deve estar entre aqueles que pensam já terem visto de tudo nesse mundo. Aquela curiosidade infantil deve ser recuperada e mantida. Aceitar que seu corpo um dia se aposentará, mas a cabeça empreendedora jamais.

Por mais sábia e experiente que seja uma pessoa, há sempre o que se ver.

A busca por um negócio sempre virá, se vier, após diversas perguntas: em que setor quero empreender? Agricultura, pecuária, extrativismo, sistema, indústria, serviços ou comercial? Onde atuar? Em volta do bairro, na cidade toda, no estado, no país ou no mundo, quem sabe?

* * *

A filosofia da natureza diz que: "*...nada pode surgir do nada...*" ou que "**Nada acontece por acaso, somente quando o ambiente estiver preparado**".

Então temos uma pista.

Já que empreender também é natural do ser humano, logo devemos pensar que seu negócio não virá do nada. Você deverá criá-lo ou refazer um. Tudo é possível, mas nem tudo está pronto.

Você deverá dar vida à sua ideia, ou melhor, dar vida com arte, para que sua escolha de empreender não seja um negócio frágil e sem expressão. Não é só a boa comida que importa, a elegância em comê-la também.

Vamos clarear as coisas!

O pipoqueiro tem um negócio modesto, mesmo assim sua atividade está assentada sobre uma estrutura, no mínimo, razoável. Imagino que foi colocado ao projeto uma pitadinha de arte, tanto quanto aquele que empreenderá em um estaleiro deverá aplicar.

Sem uma boa dose de arte, certas atividades tendem a se distanciar do mundo lentamente.

Novamente: no que quer empreender? Só você poderá responder. O que está dentro da sua pedra, só você mesmo pode enxergar.

Todavia, alguns tipos de empreendedorismo podemos lembrar aqui:

- empreendedorismo de negócio, a criação de uma empresa destinada ao comércio de produtos ou serviços;
- empreendedorismo digital, modelo em alta e bem atualizado, empresa destinada ao comércio virtual;
- empreendedorismo de franquias, adequado àquele que tem já seu negócio lucrativo e que pretende expandi-lo horizontalmente;
- empreendedorismo cooperativo, compartilha conhecimentos e experiências a vários associados;

* * *

Vamos continuar com filosofia, que me parece estar indo bem.

A filosofia surgiu na Grécia, por volta dos anos 600 a.C., antes era só mitologia. Mito = narrativa.

Nessa época, os escravos faziam todo o trabalho pesado, e os leves também. Os livres ficavam com lazer, lazer, outra vez lazer, política e cultura.

Empreender nessa época seria possível? Sem chance! Sair do ringue com vida já era uma vitória.

Felizmente, estamos vivendo na época da energia elétrica, do avião, da internet...

Vivemos em um auspicioso ambiente e em um ótimo momento para criar nossos negócios. Estamos longe o suficiente da Idade Média e temos um bom tempo de uso já vivido por nossos antepassados. Se está fácil empreender agora não sei, mas está bem melhor que antes. A estrada rumo ao final feliz dos negócios está pavimentada e bem sinalizada.

Se *"nada pode surgir do nada"*, que é a pura verdade, podemos imaginar que, se você quer construir algo, inédito ou já experimentado, não espere que venha do nada. É preciso material físico e mental, como combustível principal para impulsionar sua ideia.

Vamos falar constantemente em filosofia, porque ela estabelece um modo científico/racional de pensar.

Os filósofos, às vezes, não são fáceis de compreender, assim como os economistas, que passam um tempão dizendo uma coisa complicada e, quando se acredita vir a explicação final, terminam com um sim ou não juntos. Haja paciência! Ainda assim, quero ouvi-los e pretendo ter sempre as ideias dos filósofos por perto. Ideias tão remotas e tão presentes, combinando muito bem com a arte de viver hoje o mundo do empreendedorismo.

Temos que dar crédito aos filósofos. Eles viveram em épocas completamente escassas de qualquer tipo de instrumento, contudo nos deixaram grandes ensinamentos.

Tales de Mileto, por exemplo, ousou e previu um eclipse solar no ano de 585 a.C. Pode isso? Pois é, o sujeito conseguiu.

A maioria dos filósofos nos deixou maravilhas pelo lado positivo, outros nos mostraram o caminho da contramão, o que nos serve também, é só pegarmos o outro lado da rua.

Um curioso caso na filosofia é a ideia dita por Parmênides. Esse filósofo nasceu e viveu na Grécia de 530 a.C. a 460 a.C. Acho que qualquer ser humano hoje em dia já ouviu ou pronunciou a seguinte frase *"Só acredito vendo"*. Todos a aceitamos sem discutir, pelo menos até agora.

Contudo, o filósofo Parmênides, nem mesmo vendo, acreditava. Ele dizia: não acredito nem quando vejo claramente em minha frente, é que posso estar possuído por uma ilusão de sentidos.

Bem, não vamos exagerar, confiar na visão juntamente com a razão é o mínimo do racionalismo. Mas, pensando melhor, e com um pouco mais de calma, o filósofo tem suas razões. Por via das dúvidas, não menosprezar seria, no mínimo, prudente.

Quando estiver empreendendo, melhor seguir um pouco de Parmênides; não acreditar, pelo menos assim, de bate-pronto, em tudo que se vê. Não levar ideias flutuantes para seu projeto, pois, em um negócio, é melhor usar aquilo que comprovadamente passou por experimentos. Há uma enorme distância entre a teoria e a prática.

O racionalismo, que é a crença na razão humana, deve ser praticado a todo momento, em especial quando se está empreendendo. A lógica tanto quanto a matemática. Não acreditar em Papai Noel. Jamais.

Já que a filosofia está em moda por aqui, vamos à outra frase, desta vez de Sócrates: "... *mais sábio é aquele que sabe que não sabe...*".

É bom que o empreendedor, principalmente o iniciante, entenda que nada sabe e aceite isso em definitivo. Em épocas de pesquisas, no máximo deve pensar "eu acho", "talvez seja", "pode ser", "quem sabe". Porém, apostar todas as fichas somente pela força da teoria não. Isso é bom ser lembrado antes de se pleitear um financiamento para o novo negócio.

Deve considerar e nunca esquecer que foi das cabeças dos filósofos que nasceram palavras, como: política, teoria, física, ideia, matemática, lógica, estatística, sistema, teologia, filosofia, ética, psicologia, método...

... tudo é razão.

Como poderia não ser no empreendedorismo?

Aristóteles falava sobre um tal "meio-termo de ouro", uma espécie de gangorra, fazendo o equilíbrio entre opostos. Dizia ele: "o medo excessivo é covardia, porém a falta dele ou o excesso de coragem é estupidez". Muito claro!

No empreendedorismo também se aplica isso, não devemos ser nem covardes nem estúpidos. O meio-termo é o ideal.

Nos dias de hoje, podemos enxergar claramente que tal equilíbrio é necessário até para a vida normal das pessoas, imagina em um negócio?

Nem comer demais, nem morrer de fome; não há necessidade de uma calça de veludo, também não fica bem a bunda de fora.

Se possível, não ser demasiado gordo nem esquelético; não há necessidade de ser gênio, também não nos faz bem a idiotice.

Duas cabeças cultas trocam ideias à noite toda, da mesma forma um burro se sente confortável diante de outro.

Alguns empreendedores têm em seu "DNA" uma dedicação excessiva ao trabalho, quase incontrolável. É bom isso. Entretanto, seria melhor ter controle também.

O trabalho, para alguns empreendedores, não tem hora nem dia. Todavia, melhor dosá-lo para não machucar algum dos seus.

* * *

Perguntas podem ajudar.

Você quer fazer uma coisa que muitos estão fazendo ou quer algo exclusivo? Um ou outro está valendo aqui. Basta escolher e tomar o rumo certo.

O mundo está repleto de oportunidades interessantes, prontas ou a serem criadas. Muitas com potencial bem acima do seu cifrão. Fique à vontade, escolha seu número e boa sorte.

Outra vez; Sorte? Existe sorte?

Para empreendermos, sim. Isso eu posso afirmar. Vou mostrar. Duas vezes, por sinal.

A primeira sorte.

Você já pensou naquele indivíduo que nasceu na idade pós-mitologia ou, pior ainda, na Idade Média? Como ele poderia ter empreendido? Zero chance.

A época impunha um modo de vida para cada ser humano desde seu nascimento, sem dar a mínima possibilidade de mudanças. O implacável sistema determinava: os ricos, que eram apenas a realeza e o clero, eram os donos de tudo, e todos os demais eram donos de nada.

Os nobres viviam as festas e a arte. Privilégios exclusivos. Se chovesse ouro, por exemplo, o precioso metal só cairia no quintal da nobreza e do clero. O povo, escravos ou libertos, viviam sem perceber, sob a escravidão; de uma forma ou de outra, era isso mesmo. O peso da opressão estava presente, escancarado a céu aberto.

O pessoal de baixo fazia todo o trabalho e em troca recebia um mísero salário, em alimentos é claro, apenas o suficiente para mantê-los de pé, o combustível necessário para que continuasse seu penoso trabalho.´

Como empreender naquele tempo? As pessoas teriam dinheiro para comprar alguma coisa? E se tivessem, o que teríamos para vender?

A possibilidade de empreender naquela época era tão comum quanto encontrar um filho mais velho que o pai. Vou continuar um pouco mais com desgraças para acentuar as maravilhas dos nossos dias.

A coisa que mais existia na época passada era "nada".

Uma casa nesses dias estava cheia de nada. Não tinha chuveiro, não tinha água, pia, sofá... bem, não tinha eletricidade. Daí, por si só, se diz tudo.

Até o rico, o senhor controlador das terras, quando comemorando uma boa colheita, o que compraria? Nada. Talvez, outro cavalo, outra carroça, arreamentos novos para os cavalos, um par de botas. E se quisesse vender os porcos? Pouquíssimos compradores. Vida difícil, hein? Empreender nessa época? De novo, chance zero.

Uma coisa em comum entre as pessoas daquela época é que viviam em constantes desgraças por conta de três malditas palavras: guerra, fome e peste.

Com os olhos de hoje, é difícil aceitar certas coisas que se encaravam como rotina naqueles tempos, por exemplo, não havia muito interesse dos navegadores em desratizar seus navios, pois essa condição poderia ser útil em algum momento. Se, em alto-mar, algo desse errado, e a fome batesse mais forte, a proteína estava ali correndo pelo chão, era só armar a ratoeira e pegá-la.

Essa desgraçada situação não foi pouco duradoura, o trio poderoso — a guerra, a fome e a peste — estavam lado a lado das pessoas por toda a Idade Média, vindo até bem pertinho de nossos dias.

Os últimos colonizadores, os heroicos, senhores e senhoras europeus que desembarcaram no Brasil entre 1850 e 1950, não estavam em lua de mel, nem em viagens de férias, estavam fugindo da guerra, da fome e da peste.

Chegando ao Brasil, ao desfazerem suas malas, estavam livres da fome e da guerra, da peste não ainda.

Ufa!

Vivemos a melhor época para se empreender.

Chamo de SORTE essa feliz coincidência, termos nascido agora, nessa maravilhosa "nossa época". O tempo do avião, da internet, da energia elétrica e de tantas outras maravilhas a nosso alcance, tão naturalmente presentes que nem nos damos conta de que elas existem. Definitivamente, essa é a sorte número um.

Parabéns, leitor, você foi contemplado, nasceu no tempo certo para empreender!

Sorte número dois. Dê uma olhada à sua volta, o que vê? Tem algum muro te prendendo? Tem alguém o forçando a fazer isso ou aquilo? Ou alguém o proibindo de empreender?

Qual é seu endereço? Que terra é essa debaixo do seu sapato?

Nascemos em países livres. Podemos transitar, ir ou voltar, comprar, vender, dirigir, acampar, correr, parar, seguir, reclamar, fazer, criar, espernear, desistir, insistir, aprender, empreender...

O clero agora é nosso refúgio, a realeza de hoje nos protege.

Para quem venderíamos na Idade Média? A população da época era algo em torno de 300 milhões de pessoas no mundo inteiro.

Para quem podemos vender agora? Hoje, um só país, a Indonésia, por exemplo, tem quase a população global da Idade Média. No planeta todo, falamos agora em bilhões de pessoas, com facilidades de comunicação entre si.

O transporte de mercadorias e pessoas entre uma época e outra, vê a diferença? O que se conhecia na Idade Média e o que se conhece hoje? E o acesso ao conhecimento? Antes e agora? Temos hoje uma universidade global disponível e na mão de cada cidadão. É só clicar no botão . Universidade Celular. Fazer uma pesquisa hoje é tão simples.

* * *

Empreender nos dias de hoje

Dito por um dos velhinhos do Clube dos Cabeças Branca. As oportunidades estão aí sobrando, para todos os lados que se aponta o nariz, se veem aos montes. O Brasil é líder mundial na produção de soja, produz mais de 150 milhões de toneladas por ano e exporta mais de 100 milhões de toneladas . Seu maior cliente é a China.

O autor dessa informação pergunta, a todo tempo, e daí? Será que não poderia sair alguma coisa disso? Por exemplo, deixar umas boas toneladas dessa soja em terras brasileiras e transformá-las em ração. Não seria uma boa ideia?

Pensando bem, segue ele, manter essa ração aqui para se produzir suínos, continuar com o processo, não exportar a carne *in natura*, fazer a salsicha por aqui mesmo. Encontraremos quem sabe fazer isso, aí sim, exportar as latinhas prontas.

As latinhas de salsichas seriam destinadas a vários países, os clientes não estariam em um ou dois países apenas, como é o caso da exportação de grão de soja, no momento.

Parece bobinha a história, mas só parece. Fui conferir. Com grãos de soja, se faz muitas coisas, desde ração ao pneu, passando por margarinas, até a própria salsicha. Também os grãos de soja são utilizados em tintas e aproveitados na indústria farmacêutica.

Por que exportar toda a soja in natura? Foi a pergunta do senhor. Outro, não menos empreendedor sentado ao seu lado respondeu: "não mesmo, podemos criar no Brasil um monte de CNPJs, mudar de vez a situação desse país". Continuou: "se um país pretende se desenvolver, antes de tudo, deve fazer da nação uma grande fábrica de "empresas". "Como assim?", perguntei. Ele respondeu: "o desenvolvimento de um país com certeza virá se seus cidadãos acordarem e, quase que em coro, disserem uns aos outros, vamos abandonar a CLT por completo, daqui por diante todos nós seremos CNPJs".

QUER SABER? VOU SER EMPRESÁRIO! PRONTO, FALEI.

A meu ver, esse balizador, "criar empresas", é promissor e está correto, pois a importância de uma empresa para o país é enorme, e para seus cidadãos também. Quase tudo na economia passa por uma empresa, que nasceu ou está nas mãos de um empreendedor. Quando o dinheiro chega aos cofres do governo, vem de empresas e de seus funcionários. Quando chega às mãos dos cidadãos, a mesma coisa. Não lhe parece interessante a ideia de criar negócios? Dá para entender que o empreendedor é quem faz o mundo respirar, e o Brasil é bom nisso, fazer empreendedor. Parece o Brasil ser uma enorme fábrica de empreendedores. Centenas deles nasceram do nada, e/ou, com quase nada fizeram e fazem de tudo.

Afinal, quem é empreendedor?

Empreendedor é um ser diferenciado, visionário, raro, enxerga o óbvio e avista facilmente onde se esconde o dinheiro. Consegue descortinar as oportunidades de negócios bem mais cedo que um ser humano comum. Consegue criar sistemas e negócios como se estivesse brincando.

Você aceitaria ver alguns exemplos de empreendedores?

Uns, na modalidade grandeza, estilo Luiz Bonacin Filho, criador da Bs Colway Pneus Ltda (hoje Dunlop Pneus). Conheci sua fábrica, mais de 1.500 funcionários. Mais tarde, criou o maior complexo de galpões da América do Sul. O velho e teimoso empreendedor Bonacin parece não se cansar nunca. No ano de 2024, está mergulhado em um projeto de construção de 4.100 casas. Ele diz que é experimental. Pode? Pode. Claro que isso será concluído, como ele próprio diz; "Bonacin sempre termina o que começa".

Outros entenderam desde cedo que a simplicidade é um jeito grandioso de se fazer as coisas.

Como pode, se não pela força do empreendedorismo, a senhora Flora, o sr. Carlos Roberto e Severino, ambos Madalosso, em 1963, com apenas três simples mesinhas em seu estabelecimento, levarem seu restaurante ao topo do mundo? Iniciaram com o simples, entenderam logo que o cliente é sempre o mocinho de todas as histórias/negócios de sucesso. Serviam e servem ainda polenta com frango, não mudou nada, nem a posição dos pratos. Modernizaram-se, o simples deles agora tem cara de elegância. Suas três mesinhas viraram mais de mil confortáveis mesas, que servem todos os dias a milhares de fiéis clientes, a mesma polenta de sempre.

MAIS 1

É isso mesmo, não errei. É assim que se escreve, "MAIS 1". Estou falando de Gare Marques, que aos 16 anos de idade, vivia na zona de conforto por conta de seu pai e irmão, ambos famosos, pilotos Stock Car, Fórmula 1 e Fórmula Indy, administrava a empresa da família. Tudo ia bem, o dinheiro vinha de todos os lados, poderia ele comer lagosta gorda todos os dias se quisesse. Então, está tudo pronto? Nada mais a fazer? Claro que não! A cabeça de um empreendedor nato não funciona assim.

O garoto, hoje o senhor Gare, não satisfeito com o que fazia, buscou aquilo que havia dentro de sua pedra, encontrou, aprendeu a fazer, a embalar e a vender, MAIS 1.CAFÉ.

A grandeza às vezes não está nas dimensões, e sim nas ideias.

Que posso dizer? Além de parabéns a todos esses malucos, digo que poucos, pouquíssimos, puxam o mundo, e muitos, muitíssimos, são puxados.

* * *

Na busca do que empreender, usaremos a mesma ferramenta que usamos ao lidarmos com os números, ou seja, a razão, pois somente ela pode nos levar ao verdadeiro conhecimento.

Estamos vivendo a época mais propícia para empreender, podemos ver isso claramente. O ambiente está pronto e esperando para criarmos nossos negócios, e os velhinhos lúdicos de cabeças brancas nos mostraram algumas coisas sobre o caminho.

* * *

Não tão distante no passado, nos anos de 1960, creio eu, as coisas não eram tão fáceis ainda, mesmo assim uma dessas pessoas que nos balizam hoje criou um banco. Veja como foi sua história.

Iniciou, cresceu, ficou enorme. Centenas de agências, centenas de prédios próprios. Milhares de funcionários, nenhum computador, milhares de aparelhos telefônicos, zero celular, milhares de máquinas de escrever, zero computador, milhões de fichas, milhões de canetas. Sucesso absoluto em todos os sentidos.

Esse banco está aí, bem ao lado de outro que nasceu recentemente, cresceu, está tão grande ou mais até que o anteriormente relatado, mas sem nenhum prédio próprio, com umas dúzias de funcionários, alguns computadores, uma só agência, virtual, igual a quase tudo nele. Esse banco está aí, presente nos celulares de milhões de pessoas. Vivo, forte e figura dentre os maiores bancos do Brasil.

Matéria-prima usada na sua construção: inteligência fina e os três Ds: Desejo, Dedicação e Disciplina. Isso é uma combinação valiosa.

Gracias a la internet.

* * *

No campo do empreendedorismo, podemos, a qualquer momento, pegar as experiências vividas e relatadas por muitos. Se o sonho do momento é criar algo de inédito, que é a graça completa da coisa, disponíveis estão centenas de ferramentas para dar asas à imaginação.

Não vivemos na Idade Média, nem nos tempos primórdios da tecnologia, quando uma simples pesquisa durava uma vida inteira e o resultado quase sempre vinha acompanhado de experiências desastrosas. Finalmente, na lista dos bem-sucedidos, pouquíssimos apareciam.

Hoje, quando se planeja um novo negócio, o conhecimento disponível é tão farto e abrangente que, por isso mesmo, poucos não entrariam na lista dos empreendedores aprovados com sucesso.

Há bem pouco tempo, para se enxergar um possível negócio, a presença física era quase imprescindível, hoje basta viajar a imaginação; a cabeça e o corpo podem ficar trabalhando aqui em casa mesmo. Viva a internet.

O tempo caminha se modernizando. Recicla-se tudo, pessoas e coisas. Perfeito para aquele que sonha ter seu negócio. Parece que a oração do empreendedor foi atendida no todo. Há quanto tempo você não ouve a palavra "charrete", que era muito usada até bem pouco tempo? A palavra charrete faleceu recentemente. Morreu atropelada por um automóvel. O fac-símile eliminou o telex, o computador silenciou o tec da máquina de escrever, e todos foram colocados no museu.

Você já se deu conta de quantas coisas foram criadas, usadas e eliminadas com o tempo? Quantas? Muitas.

Quantas coisas importantes estão aí em pleno uso? Centenas e centenas. E as coisas a serem criadas? E o futuro? Nem imagino. O que sei, e com certeza, é que o ambiente está preparado para que venham.

Quantas virão? Não sabemos, porque não sentimos falta daquilo que não foi criado ainda.

Algumas coisas chegam até nós vagarosamente ou de modo tímido, outras de surpresa. Algumas mostrando boas perspectivas, prometendo importância, mas não emplacam como deveriam. Pelo menos não de imediato. Por exemplo, artefatos eletrônicos para leitura, um ou outro se apresentou com uma certa pompa, estão aí ensaiando sua entrada em definitivo há mais de dez anos, e por que nenhum deles se popularizou ainda? Será que estão se preparando para engolir os livros de papel todos de uma só vez? Ou seria pelo seu preço? Está faltando um empurrãozinho? Alguém aí do outro lado, se ligou na coisa?

Alguém me lembrou que um leitor eletrônico pesa em torno de 160 gramas, cabe nele mais de mil livros e pode se conectar ao sistema enquanto uma mochila escolar pesa em torno de três quilos, carrega alguns livros apenas e não se conecta a nada. Será que as escolas não estão enxergando isso? Ou faltam alguns ajustes? E esses ajustes? De onde viriam? Estão esperando por quem? Quantas pessoas ao redor do mundo estão neste momento pensando em dar um empurrãozinho aos tais leitores digitais, até criar outra coisa parecida, que realmente caia em graça? Diz-se que mais vale aquele que caiu em graça que aquele que nasceu engraçado. Então melhor.

Quantas cabeças pensantes estão neste momento ligadas a isso? Outras se perguntam o que mais poderiam os drones fazer? Você tem alguma dúvida ou ideia?

Sem internet e sem computador a humanidade, conseguiu tantas façanhas, que, se ditas no meio da Idade Média, sorte teríamos se saíssemos vivos. O mundo trabalha mesmo fazendo uma reciclagem natural das coisas e das pessoas . Que bom! Parece que tudo vem sendo feito a pedido do empreendedor.

Temos que fazer as pazes com o tempo, pegar carona com a tecnologia, seguir em direção ao futuro com base nas histórias de méritos e deméritos vividas por quem já passou por aquilo que pretendemos passar. Os experimentos deixados por nossos antepassados podem não só nos mostrar o caminho do que fazer, mas também como fazer.

Às vezes, esses ensinamentos empíricos nos dizem claramente: é o momento de ser valente, "Senhor de Si" e bater o pé. Em outros, apenas ser humilde, *"Sim senhor"* e bater em retirada. Aquele que não acatar essa ideia, o mundo está aí para ensinar de modo prático.

* * *

Você já ouviu falar em Domani Nkosi? Se não, talvez em breve você ouça.

Ano 2013, Johanesburgo, Soweto, África do Sul.

Soweto é uma cidade/bairro de Johanesburgo.

O sr. Domani, professor de Tecnologia da Informação, se lançou como desenvolvedor de sites. Ele sonhava ganhar com isso bem mais do que ganhava como professor e foi com tudo para cima da ideia. Trabalhava como web designer, mas sem deixar a escola, pois lecionar garantia seu sustento.

O tempo foi passando, e as coisas não decolavam. Os clientes apareciam, e muitos discutiam o assunto, se mostravam interessados, mas não concretizavam negócio algum. Domani estava, sem perceber, sendo consumido pelo tempo. Um pouco também pelo comodismo vindo do emprego de professor. Era o momento de cutucar o talento.

Passaram-se três anos, e Domani estava quase se dando por vencido em uma atividade bem atualizada e promissora. Que há de errado?

Site construído, tempo disponível, por que não decolava? Domani entendeu com um cliente que lhe disse: "Preciso muito do seu trabalho, mas não tenho dinheiro. Posso lhe dar uma comissão sobre minhas vendas, seremos parceiros".

Domani aceitou, deu certo, e ele abriu esse sistema de parceria a todos que quisessem. Aquele negócio de vender a plataforma não interessava mais, pois ele viu que seu trem estava bem assentado sobre os trilhos, pronto para seguir. E estava mesmo!

No ano de 2020, contava com mais de 2 mil parceiros comissionados e 38 parceiros auxiliares. Seus tentáculos estão agora em toda África do Sul. Ele deixou a escola, e seu faturamento líquido é de USD 225.000 por mês.

Daí pergunto a você: compensa empreender? Talvez sim. Talvez não.

O sr. Domani disse-me que, mesmo em um país com população diminuta, é possível empreender com negócio virtual, prestando serviço e ou comércio em outro país. Basta ter disponíveis e conectadas ideias e internet.

Outra pessoa me disse: "se sua antena estiver ligada à internet, seu país não terá fronteira".

Foi mais longe e me confidenciou sobre seu trabalho, intermediando vendas pela internet. Seus clientes eram fazendeiros australianos, o produto era um tipo de veículo utilitário rural a ser usado como apoio no campo. O fornecedor, Hangzhou, China.

Quem quer dá um jeito. Quem não quer inventa uma esfarrapada desculpa.

* * *

O controle da economia no mundo é um assunto relevante para o empreendedor.

O mundo todo reside em um só edifício com apenas sete andares. Aqueles que comandam quase toda a economia do mundo (98%) residem no sétimo andar desse prédio. Para entendermos como funcionam as coisas nesse condomínio, devemos dar uma olhadinha em outro ponto da história, Idade Antiga.

O mundo até que vinha bem, chegou até a Idade Média com uma certa pompa. Havia nesses dias alguns tipos de negócios, cidades prosperavam. Roma, por exemplo, chegou a ter 1 milhão de habitantes vivendo com um certo conforto, modesto sim, mas significativo e importante para a época.

Entrando na Idade Média, as coisas não caminharam tão de acordo, poucas pessoas passaram a ser donas de tudo, e muitas continuaram donos de nada. O sistema estava se consolidando. Houve um declínio, Roma foi fortemente esvaziada, apenas 40 mil residentes permaneceram. Há quem diga que o número de habitantes não passava de 17 mil. Quem dava as cartas na Idade Média? O clero. A realeza era forte, mas coadjuvante.

Com o tempo, foi se formando e aparecendo uma nova entidade, formada por famílias que lucravam com o sistema — os primeiros, grandes e únicos empreendedores. O povo, o que poderia fazer? Assistir e sobreviver.

O poder econômico dessas famílias cresceu tanto que elas se sobressaíram ao clero e passaram a controlar a realeza e toda a economia do mundo. Olhando com um pouco mais de atenção, podemos notar que esse dito controle da economia mundial parece não ter mudado muito até nossos dias. Estamos tão habituados ao sistema que não percebemos. Apenas mudou o modo como as coisas funcionam, mudaram-se os chicotes, mas os chicoteadores não, pois continuamos sendo escravos, em uma versão moderna e atualizada, e a economia mundial ainda é controlada por pouquíssimas famílias.

Por séculos e milênios, temos vivido sob ordens de alguém. O modo de escravidão em vigor pode ser visto assim: se temos um salário bem menos que dez, temos que pagar contas que somam bem mais que nove; se compramos um aparelho de celular, temos que pagar o que vai dentro dele. O velho sistema está bem adaptado aos dias atuais.

Hoje, os governos, comandam e são comandados por invisíveis, os senhores da fé conduzem seus rebanhos. Esses têm força, mas não se sobressaem ao governo. A realeza ainda existe, não aquela do trono, mas a que controla a economia global, composta pelos donos do mundo.

Parece até que vivemos em um mundo que não nos pertence. Parece? Ou é?

Esse mundo que não nos pertence está acomodado em um imóvel de sete andares. O pessoal que dá as cartas no planeta reside na cobertura. No primeiro andar, residem todas as pessoas desse planeta. O segundo andar está ocupado pelo governo, pela religião, pela educação e pela mídia. No terceiro andar, estão alojadas as marcas, as bolsas, os cartões de crédito e afins (veja como as marcas são poderosas). No quarto andar, os ocupantes são entidades que estão na linha de frente, executando as ordens do comando da economia: Receita Federal, Bacen, FMI, BIRD entre outras. No quinto andar, há uma importante mesa. A famosa mesa redonda, com cadeiras à sua volta: ONU, Clube de Roma, Chatan Hause, CR Exter entre outros.

Até esse andar, algumas pessoas, aquelas com importantes cargos nos governos, ainda podem pôr seus pés — como convidados, é claro — para ouvir os recados, aceitá-los e aplicá-los em seus países. No sexto andar, está instalado o comitê. Não mais que 300 pessoas visitam esse recinto. No sétimo andar, a cobertura. Residência oficial do comando econômico mundial. São literalmente "Os Donos do Mundo". Ouvi que não mais que 25 famílias têm o privilégio de apertar o botão número sete do elevador desse edifício.

Os habitantes do sétimo andar são exagerados quando se fala em dinheiro. O cifrão deles é tão alto que é difícil para nós mortais compreendermos.

Os todo-poderosos das grandes empresas, como transnacionais, não estão habituados a trabalhar com cifrão menor. A calculadora deles tem a tecla do número nove bem desgastada. Esses comandantes da economia mundial estão sempre de olho naquele indivíduo do primeiro andar, portador de uma boa ideia econômica, também naquele que se dispõe a fazer o que nasceu para fazer, prestar serviços em altíssimo nível de qualidade acompanhado de fidelidade. Quem estiver enquadrado nesses dois quesitos poderá se fartar com regalias e salários inacreditáveis.

Conheci de perto um senhor capacitado. Pisou em escola de alto nível, era muito preparado, não para empreender, mas para servir. E bem serviu por muito tempo a uma dessas grandes empresas, no ramo de automóveis com sede na França. O senhor de quem estou falando está vivo e goza de boa saúde. Ele me disse, cara a cara, como era seu trabalho antes de se aposentar.

Para não cansar ninguém, vou citar alguns pontos apenas. Ele trabalhava com um orçamento disponível acima de 2 bilhões de dólares ao ano. Dentre algumas de suas extravagantes ferramentas de trabalho, estava um jato Hawker 800. Contou-me certa vez que o tal jatinho, sem sair do chão, excluindo revisões, gastava cerca de 15 mil dólares ao mês. Tinha dois assistentes direto, cartão de crédito ilimitado e muito mais.

Esse senhor cumpriu suas funções o tempo todo com resultados acima do encomendado, e sua bandeira sempre foi cumprir metas e fidelidade absoluta. Para concluir, esse cidadão, agora aposentado, não tem uma casa para morar. Que pena!

Tem sim, duas mansões, e muito mais.

Você não está impedido de chegar lá. Pode dar, se quiser, uma chance ao seu paladar. Descansar um pouco do arroz feijão e ovo frito, e quem sabe dar uma chegadinha até o caviar.

Eu mesmo estive em uma dessas empresas aí da Black Rock Holding Company. Fiquei por lá por oito anos. O salário era muito mais que razoável, e tudo funcionava bem. Saí porque não suportava mais as dores do empreendedorismo me corroendo todos os dias.

Se você se vê meio sem jeito para empreender, se não se enxerga como patrão, servir com qualidade é uma opção mais que razoável. Pode acreditar! O mundo oferece boas oportunidades para aqueles que querem servir com excelência. Há, porém, uma grande diferença entre aquele empregado que se capacitou para produzir de fato e aquele que se preocupa mais com o relógio de ponto do que com os resultados.

O funcionário em nível razoável tem medo de perder seu emprego, enquanto o funcionário produtivo (bobinho!), seu patrão tem pânico de perdê-lo. Por que ser *"Zé Mané"* se podemos ser *"sr. José Manoel"*?

Qual o empresário não gostaria de ver entrando pela sua porta o candidato a empregado, o sr. José Manoel, e já dizendo logo de cara: "quero um emprego na sua empresa e pretendo ganhar 150 mil reais por mês". Essa pretensão salarial não é muito comum para os padrões brasileiros, porém o sr. José Manoel seria recebido com tapete vermelho.

Imagino que o novo funcionário aí deveria somar aos lucros da empresa, algo em torno de 300 mil mensais. Muito bom para um, ótimo para o outro.

* * *

O tempo

Comumente se diz: tempo bom, tempo ruim, tempo de plantar, tempo de colher. O tempo está presente 24 horas por dia na nossa vida, e sem nos dar trégua.

O tempo é juiz e carrasco do mundo. Já o sentenciou, e mais adiante o executará, diz o "Relógio do Juízo Final".

O planeta Terra tem ainda pela frente 1 bilhão e 500 milhões de anos. Outros dizem que, se nada de grave acontecer no meio do caminho, nosso planeta viverá ainda por mais 7 bilhões de anos.

Um ou 7 bilhões, não vem ao caso agora. Temos tempo o suficiente para planejar e empreender com calma, embora nosso maravilhoso planeta azul tenha, muito longinquamente, seus dias findados.

O tempo também é o lobo da humanidade, assim como o lobo de tudo. Queira ou não, todos seremos engolidos por ele. Quando nascemos, o tempo está ali, silenciosamente nos roubando um dia completo a cada 24 horas, sem tréguas, nos minando.

Ao empreendermos, esse senhor todo-poderoso também estará presente. Poderíamos considerá-lo uma mercadoria cara e altamente perecível, basta ver que, se as contas desse mês não forem pagas, mês seguinte, dois boletos.

Mesmo aquele com pouca capacidade de discernimento entende que o tempo pode nos causar danos irrecuperáveis. Cheque cuidadosamente se seu futuro negócio está dentro da época, se está atualizado. Pergunte ao tempo se ele permite. Ele pode dizer sim ou não a um negócio.

* * *

O senhor Helmut, um empreendedor nato alemão, quando chegou ao Brasil, nos anos 1950, foi logo se posicionando como industrial. Sem uma boa avaliação do que produziria, iniciou.

O produto: máquina de lavar roupa. Esse era o nome da coisa, mas de máquina de lavar roupa mesmo estava um pouco distante. Era uma geringonça feita de madeira, sem nenhum penduricalho pintado de moderno, também pudera, década de 1950. Vale lembrar que nessa época a lei trabalhista ainda estava a caminho. A mão de obra era abundante e barata, e poucas residências tinham energia elétrica. Quem compraria uma máquina de lavar roupas?

A geringonça do senhor Helmut tinha uma potência de 13 HP e funcionava ligada à rede residencial de 220v. Não há necessidade de continuar, né?

O tempo apontou o dedo na cara do sr. Helmut e disse: "não senhor, é cedo ainda".

O sepultamento da dita máquina de lavar do senhor Helmut foi no dia seguinte. Uma semana depois, ele teve uma nova ideia, uma batedeira de manteiga. Também de madeira, cedro, também geringonça, só que manual, condizente com a época. Esse arcaico produto sustentou, de modo simples, a fábrica do senhor Helmut por mais ou menos 20 anos, até que seu filho entrou no negócio e gostou.

Cansado de ouvir seu pai sobre o fracassado caso da máquina de lavar roupas pensou: "e agora?". Anos 1970, mão de obra já não mais tão abundante, lei trabalhista em vigor, atrapalhando o patrão e desagradando o empregado. Itaipu a pleno vapor, energia elétrica em todas as casas. Será que o tempo permitiria?

O jovem Helmut Jr. redesenhou o antigo projeto, e o tempo lhe disse: "agora sim, vá em frente".

A nova máquina de lavar roupas, moderna, é apenas um dentre vários de seus produtos que estão disponíveis no momento em 18 países.

Na última vez em que estive com o velho Helmut, ele se queixou para mim. Disse estar um pouco aborrecido com os filhos: "veja, meus filhos não se deram bem com carro popular. Pensei, acho que é por conta de que nunca experimentaram um, e foi isso mesmo. Meus filhos não sabem trocar pneu. Pensei, porque nunca precisaram, seu maravilhoso Volvo usa pneus Run Flat. Nunca fizeram uma pesquisa de negócio. Nunca precisaram criar nada, tudo já estava pronto".

Olha o que faz nas pessoas o resultado positivo de um empreendimento.

O tempo, as gerações.

Uma nasce, enquanto outra cresce, outra amadurece, outra envelhece e, fechando a conta, a mais velha desaparece.

O tempo pode abrir espaço para um novo negócio e pode decretar a falência de outro. Aquela empresa que, no final da década de 1970, vendia 90% dos filmes para fotografia, que dominou por cem anos o mundo da fotografia e dos filmes, reinou quase sozinha até que veio o tempo apontando o dedo e dizendo "agora chega! Sai fora porque já convoquei o pessoal da foto digital".

O tempo, implacavelmente, é o senhor de muitas coisas; pode mudar tudo em segundos. Também é talvez a mercadoria mais perecível que existe. Com a banana que vai amadurecer em dois ou três dias, ainda se dá um jeito, mas pergunte ao hoteleiro que não alugou seu quarto, como recuperar a noite perdida? Como recuperar o banco vazio do avião que partiu?

* * *

Ao buscar um negócio, inédito ou já experimentado, deve-se acreditar na pesquisa e valorizá-la, contudo, não se deve esquecer que duas ou três gramas de prática valem bem mais que dois ou três quilos de teoria. Assim, uma ajudazinha é prestar atenção nas experiências vividas pelos outros. Comprovadamente, o lado negativo tem mais importância que o positivo.

Para ter segurança na conclusão de uma pesquisa, não devemos dar nada como certo até que estejamos completamente convencidos de que se trata de algo verdadeiro. Para chegar a isso, pode ser necessário desmembrar um problema maior em tantas partes menores quanto seja possível. Com isso, podemos tornar possível o que não era.

René Descartes postulou que duvidar de tudo era a única coisa a respeito da qual ele estava absolutamente certo. Isso nos encoraja a filosofar por conta própria novamente. Vamos pensar juntos, para que eu não erre sozinho. Se tudo é duvidoso, vamos piorar um pouco, isso não é ceticismo, se as coisas nascem para darem erradas, nós, como seres pensantes, devemos tirá-las dessa situação. Assim, não teremos mais com o que nos preocupar, e o trem poderá iniciar sua viagem na direção certa com relativa segurança.

Não ter certeza é um estágio intermediário na direção do conhecimento. A pesquisa para encontrar um novo negócio está cheia disso.

Se o jovem empreendedor pensa estar na idade de errar, pode errar na pesquisa. Melhor falir uma ideia que a empresa lá na frente.

No entanto, não precisamos manter essa tradição de errar o tempo todo, podemos pular essa etapa. Não chamar pelos problemas, deixar que eles venham naturalmente.

As pessoas tendem, em primeira mão, a iniciar seu raciocínio pelo lado negativo. Talvez isso não esteja errado, parece que é um sistema natural de alerta.

No empreendedorismo, ambos os lados, positivo e negativo, nos servem. Porém, devemos lembrar a gangorra do equilíbrio de ouro. Não chorar tanto, não rir demais. Não ser sabe-tudo como aquele que parece ter nascido em "Fodópolis", isso é inteligência burra, também não se mostrar tão ignorante. Não tentar ser esperto demais, mas não tão inocente quanto um passarinho voando na proa do gavião.

Geralmente, as ideias negativas devem ser consideradas, compreendidas, atenuadas e colocadas de lado.

Corrigir os desencontros é sempre bem-vindo. Ver, por exemplo, o que se tem para vender pode não estar exatamente compatível com o desejo de seu cliente. O comprador, que sempre foi e é o mocinho de qualquer negócio, pode pensar que está comprando aquilo que tem em sua mente. O vendedor acredita estar vendendo aquilo que satisfaz seu cliente. Isso pode não estar se conectando de fato. Quem está errado? Não sei. Melhor culparmos os dois para não errarmos também.

Quando digo que o cliente é o mocinho de todas as histórias de sucesso, não estou falando daquele jeito que comumente se refere ao cliente, como se ele tivesse sempre razão. Quero dizer que o empresário se interessa, na verdade, pelo que o cliente tem no bolso, o dinheiro; e o cliente não deixa seu dinheiro no caixa por qualquer coisa. Exemplificando, na churrascaria, o cliente se agrada com uma boa carne e um eficiente atendimento. Essa história daquele senhor de gravata passar de mesa em mesa, perguntando se está tudo bem, não serve de nada se a picanha ao ponto está ainda lá na fazenda.

Cliente e empresário se comportam iguais a uma boa aula, quando aluno e professor são fãs um do outro. Vendedor e comprador, ambos se dão muito bem se a conversa inclui bom produto, bom atendimento e preço justo. Qualquer coisa fora disso, vemos depois. Seriedade daqui para lá e de lá para cá, sempre funcionaram bem.

O pensamento retrógrado, direto, seco simplesmente, ou sínico, não combina com o empreendedorismo. As ideias pessimistas também não. Muito menos aquele que diz que dinheiro não traz felicidade, mesmo que nunca tenha experimentado ser rico. Pelo que sei, o dinheiro só não traz felicidade se a nota for falsa.

A frase "naquele tempo que era bom" é tão irritante quanto a palavra 'indiferença". Não entendi até hoje o que havia de bom na antiguidade, a não ser para os animais, talvez. Que graça tinha o idoso morrer de velho aos 60 anos? Ou antes, se uma cobra o picasse?

Se havia alguma vantagem para um lado, não interessava ao outro. De que adiantava a gasolina ser extremamente barata, se ninguém tinha carro?

* * *

Enxergar onde está o dinheiro é o ponto de partida para se iniciar um novo negócio. Esperar pelo que não existe torna tudo impossível. Por exemplo, ao caminhar pelas ruas de Hong Kong, Frankfurt ou Madri, encontram-se gostosuras das mais variadas espécies nas vitrinas de padarias e docerias. Os preços dessas delícias são compatíveis com o poder de compra de seus clientes. Fácil para eles venderem lá essas maravilhas, as pessoas que ali transitam portam no bolso alguns euros e um potente cartão de crédito. No entanto, essa oportunidade de vendas, nessas condições de preço, talvez não esteja disponível em qualquer outro país ou lugar.

Antes de se lançar a um novo negócio, é essencial buscar o pleno conhecimento sobre o assunto, pois o conhecimento derruba barreiras. Deve-se checar e rechecar se todos os pontos estão, de fato, elucidados e conectados, ao tempo e, em especial, ao local.

Então, dar boas-vindas ao negócio com bastante simpatia. O mundo sorri melhor para aquele que entra sorrindo.

Ano de 1964

Cidade já famosa, pujante, com aproximadamente 200 mil habitantes. Brasil.

Cidade igual a todas, primeiro e segundo anel, centro, comércio, serviços, hospitais e outros. Terceiro anel, ainda comércio, escritórios, escolas, e alguns edifícios residências. Quarto anel, predominantemente residencial.

O então garoto Lucas, de 15 anos de idade, teve seu primeiro dia de trabalho na minúscula empresa familiar. Uma casinha humilde, uma porta apenas, tudo rústico, localizada no terceiro anel, já beirando o quarto. A ideia era vender frutas e verduras.

Não era o primeiro emprego de Lucas, ele tivera dois antes. Um em uma oficina mecânica, aos 9 anos de idade, e outro em uma farmácia, aos onze anos. Na época era assim, os garotos trabalhavam, namoravam (pegando na mão apenas) e estudavam, à noite, é claro. Esse era o velho truque dos pais, empurrar seus filhos ao trabalho o mais cedo possível. Temiam que eles pegassem gosto pela vagabundagem. E funcionava, pelo menos na época.

O garoto Lucas tinha a função de expor as mercadorias nas gôndolas e atender aos clientes. Seu pai era encarregado de abastecer e reabastecer as frutas e verduras. Em seu primeiro dia de trabalho, ainda inibido, Lucas pouco se movimentou, não tinha muito o que fazer, quase ninguém colocou os pés no recinto.

Os dias foram passando, semanas se foram, e o negócio deu sinal de vida. Os clientes eram mulheres, em sua maioria, e reincidentes, voltavam quase diariamente. Ótimo sinal!

Lucas, incomodado com o sossego do negócio, achou que era o sintoma do mal do empreendedorismo o atacando e teve um empurrãozinho. Uma cliente lhe perguntou se havia óleo de algodão, era o que se usava na época. Lucas respondeu que não, bem baixinho, já estava pensando que poderia adicionar ao negócio o produto. Deu asas à imaginação. No dia seguinte, pediu a seu pai que trouxesse duas ou três dúzias de ovos, duas latinhas do tal óleo de algodão, dois pacotes de sal e, abusou, dois quilos de açúcar cristal.

O pai relutou, argumentou que o negócio deveria continuar simples, frutas e verduras apenas, diversificar seria perigoso, teriam que pagar impostos. Lucas contra-argumentou, dizendo que se paga imposto quando se vende alguma coisa, daí também vem o lucro, mas não convenceu o pai que, no dia seguinte, apareceu com as frutas, verduras e duas dúzias de ovos apenas.

Quando descarregava as mercadorias, quase como uma coisa armada, uma cliente entrou já perguntado se tinha sal. Lucas respondeu que tinha acabado. No dia seguinte, abusou de vez, levantou-se mais cedo, passou pelo fornecedor, naquele tempo chamado de Secos e Molhados, comprou um pouco, pouquinho mesmo, de alguns itens — sal, açúcar, farinha de trigo, óleo, uns pacotes de macarrão e algumas latinhas de massa de tomate. Seu pai, quando viu, quase teve um infarto, mas Lucas o acalmou, dizendo que, se desse errado, levariam tudo para casa, assim perderiam nada.

Não mais que uma semana, e Lucas já estava confiante, acreditava que o negócio tinha espaço para crescer. O que tinha antes comprado fora vendido e reposto mais de uma vez. Então foi até um atacadista e comprou vários itens. Dessa vez, sem medo. Seis meses depois, o estabelecimento não era mais uma frutaria, mas sim um minimercado. Lucas já se sentia um empresário e começava a pensar coisas.

Havia, ao lado do estabelecimento, um barracão desocupado e com terreno em volta de tamanho razoável. O problema era convencer seu pai. Missão difícil, mas não impossível. Lucas trabalhou bem a cabeça do velho e conseguiu.

Seu aniversário de 18 anos foi comemorado no interior do supermercado, com açougue, padaria e tudo que tinha direito. Continuou a prosperar. Aos 40 anos, tinha a mesma quantidade de lojas que tem hoje, seis. Sempre na mesma posição em relação ao centro.

Hoje, o senhor Lucas explica por que não saiu do círculo, terceiro para o quarto anel. Para não incomodar o pessoal do andar de cima. Disse também que, pelo mesmo motivo, não gritou muito alto em sua publicidade e não foi além de seis unidades de seu supermercado.

Disse que fez por segurança: melhor não colocar todos os ovos debaixo de uma só galinha. Diversificou, hoje seus filhos e alguns netos, que não tiveram chance de pesquisar nada, pois tudo já estava pronto, se preocupam em administrar, além das seis lojas, uma construtora, produção de soja no Mato Grosso e Rondônia, uma revenda de automóveis e uma transportadora.

Compensa empreender?
Talvez sim. Talvez não. Cada um é cada um!

* * *

Pesquisar, buscar pelo que empreender é sem dúvidas o ponto chave da coisa. Errar na pesquisa, entrar em um negócio defeituoso, é como um casamento malfeito. Pode se arrastar por um tempão, não fazendo bem a ninguém.

Se você acertar aqui, de fato seu trem começa a andar, agradando a muitos; possivelmente andará por muito tempo, se estiver bem assentado nos trilhos, é claro. Se errar na fase da pesquisa, é um mal menor que errar lá na frente, quando o trem já estiver em velocidade.

A pesquisa nos dá a chance de errar à vontade na teoria, que dói menos que errar na prática.

Na fase da pesquisa, tudo deve ser minuciosamente analisado/elucidado e considerado. Não se deve dar chance alguma para o erro e fechar as portas completamente para o azar. A sorte existe sim, basta criá-la. A primeira coisa antes de uma pesquisa é estar de bem com a verdade absoluta. Não há espaço nem motivo para se acreditar em coisas duvidosas. Acreditar em Papai Noel? Jamais.

Deve-se exercitar muito bem a mente na fase da teoria, treinar bem o raciocínio, para que, quando chegar o momento da prática, as coisas não sejam vistas como estranhas. Lá na frente, quando o trem estiver em velocidade, você estará esperto em raciocinar e capacitado para resolver problemas.

Escolher um rumo aleatório não é conveniente, às vezes é esse o caminho mais curto para o fracasso.

Normalmente, as coisas nascem, ou tendem a terminar, em flores ou espinhos, uma ou outra. Acertar na escolha de seu empreendimento é um bom salto para o sucesso. Isso feito, deve manter-se sempre alerta, pois, em regra geral, a roseira que produz as rosas é a mesma que produz os espinhos. Isso não é desanimador, empreender é trabalhoso, mas é também gratificante e prazeroso.

Se o lado dos espinhos aparecer, não precisa pular da ponte por isso. Tente de novo ou refaça o projeto e siga, quantas vezes quantas forem necessárias.

O lado das rosas no empreendedorismo é a remuneração máxima pelo esforço aplicado. Quando se consegue o almejado sucesso, o trabalho fica escondido atrás do prazer o dia todo. Você correrá o risco de pensar até que não está trabalhando, sua conta bancária lhe permitirá pagar suas contas, viver com dignidade e, até quem sabe, encaminhar seus filhos para essa sua gloriosa façanha. Os filhos sempre colhem os frutos das árvores plantadas pelos seus pais, sejam macieiras ou limoeiros.

* * *

A primeira etapa do seu projeto de negócio é enxergar aquilo que está dentro da sua pedra. Enxergou? É isso mesmo? Então, vamos oficializar a ideia.

No empreendedorismo, tudo é possível, mas nem tudo está pronto. Mesmo que sua ideia já tenha sido bem experimentada por outros, talvez necessite ser reinventada, revitalizada e adaptada à cara de seu novo comandante.

É isso mesmo que quer? Vamos trabalhar a ideia!

Quem vai financiar sua pesquisa? Pergunto por que, às vezes, uma pesquisa pode ser demorada. A busca pela possibilidade de implantar um negócio pode, em certos casos, demorar anos. E o tempo custa caro, sentimos isso todos os dias. Um aluguel não pago hoje, no mês seguinte terá peso dobrado.

* * *

Um casal de jovens, professores na mesma escola. Ela, sofrendo com o mal do empreendedorismo, estava sempre incomodada. Ele, satisfeito com a vida que levava, não se preocupava com nada, exceto que a esposa, que, a todo momento, vinha com ideias fora do magistério.

Certo dia, a jovem senhora tomou coragem e disse ao marido: "Querido, pense comigo, o que ganhamos juntos é importante, mas não é grande coisa. Não ficaremos ricos com isso. E se apenas você continuasse como professor? Viveríamos do mesmo jeito, e eu teria tempo para pesquisar o que empreender".

Depois de oito anos, após seu "laboratório" ter explodido três ou quatro vezes, a ex-professora se deu muito bem. Encontrou o que havia dentro de sua pedra, planejou e executou.

"O mundo está repleto..."

Às vezes, a solução do problema está dentro de nossas casas.

Realizar uma transfusão de ideias de vez em quando faz bem. É fundamental se livrar das ideias inúteis e dar lugar a outras de maior importância e atualizadas. O filósofo René Descartes, aquele do "Penso, logo existo", fez isso. Ele queria remover os entulhos antes de construir sua casa nova.

Pensar não só com a própria cabeça. Pode isso? Pode. Praticar a troca de ideias, especialmente com os cabeças brancas . Consultar dez diferentes cabeças, fazer as mesmas perguntas a cada uma delas, ouvir todas e não acreditar em nenhuma imediatamente. Depois, as mesmas perguntas, faça-as a você. Aí sim, provavelmente, encontrará a mais confiável das respostas.

Vez por outra, puxar um extrato atualizado das ideias, conferir o que está rolando na cabeça faz bem. Ir somente pela cabeça de um ou outro no empreendedorismo pode ser suicídio. Reunir ideias de diversas fontes e pôr em dúvida todas é uma boa prática. Enxergar e estar bem convencido quanto a si próprio é importante, pois define por completo uma pessoa. Você puxa? Ou é puxado? A frase "tanto faz" é irritante. A indiferença classifica uma pessoa como um ser quase nada. Estou dizendo isso pela segunda vez. E mais à frente virá a terceira.

QUER SABER? VOU SER EMPRESÁRIO! PRONTO, FALEI

Você é uma das pessoas que puxa o mundo? Ou está dentre aquelas que são puxadas. Ouvi que, em uma fila de cem pessoas, duas apenas puxam, e 98 são puxadas. Acredito que essa pesquisa está bem fundamentada.

Algumas pessoas com alto nível de QI não conseguiram contribuir muito com a humanidade. Uns não conseguiram nem mesmo se manter dentro da sociedade com normalidade. Veja o caso do maior QI dentre todos os seres humanos que viveram neste planeta. Esse senhor, com coeficiente de inteligência estimado entre 250 e 300, não puxou ninguém, nem se permitiu ser puxado. Se você quer saber mais sobre esse curioso caso, busque na universidade celular.

Uma boa atitude é pensar que as coisas são simples, pois são.

Voltando à pesquisa, deve-se fazer perguntas, muitas e muitas... Indústria? Comércio?

Não economizar nas perguntas, por mais bobinhas que pareçam.

Que tipo de produto está passando pela sua cabeça? Qual o peso, o volume. É perecível? Como seria a distribuição? Como andam as duas pontas? Entrada e saída estão em consonância? Cliente distribuidor e cliente final. Quem vai financiar a compra? Quem vai financiar as vendas? Qual a sua pretensão de ganho? Você vai até seu cliente ou vai esperar que ele venha por conta própria?

No carnaval de 2024, um senhor e sua esposa empurravam um carrinho de bebidas, acompanhando o fluxo dos foliões. Um tempão andando, nada de clientes interessados. Zero vendas. Já cansados, creio, estacionaram o carrinho ao lado da correnteza humana. Mal respiraram, um cliente se apresentou. Depois outro e outro. Decidiram ficar por ali, óbvio. Tão simples, depois de experimentado.

* * *

Planejamento de seu negócio

Tudo segue uma ordem; até para lavar louças, se segue um roteiro. Primeiro, as taças que são frágeis, em seguida os pratos e os talheres.

O batedor de carteiras no metrô planejou sua atividade e continua ligado. Antes de cada ação, ele faz uma breve revisão daquilo que planejou.

Imagine uma empresa iniciar sua trajetória sem um bom planejamento?

Faz parte de um bom planejamento, em muitos casos, até a aparente e absurda ideia de não querer agradar a todos; às vezes, pode-se ter essa situação como necessário. Quem insiste na ideia de agradar a todos, talvez não consiga agradar a ninguém.

Escolher um caminho com potencialidade pode ser mais seguro. Não se pode descartar a ideia de que os clientes são distintos socialmente ou por natureza. Altos ou baixos, ricos ou pobres, bonitos ou feios, gordos ou magros, ateus ou crentes, héteros ou não. Todos compartilharão do mesmo recinto sem se darem conta de suas diferenças.

Uma pequena falha no planejamento pode destruir tudo de uma só vez.

Fazer coisas boas, às vezes, por si só não é suficiente, é importante fazê-las bem, e não dar a menor chance para o azar. Aquele que poderia ser evitado. Os erros parecem gostar de andar juntos, ou seguidos. Quando se comete um, outro vem logo em seguida.

Isso me faz lembrar um senhor, por natureza já azarado, que carregava no bolso um potente ímã do azar. Entrou no hospital para amputar a perna, mas, por um erro, amputaram a boa, em seguida completaram o serviço e amputaram a outra.

Os acidentes têm muito a ver com isso, o descuido, a falta de atenção.

Desculpe a brincadeira sobre esse senhor aí das pernas amputadas, porém deixa de ser brincadeira em certas circunstâncias.

Um erro, ou falha, pode abrir caminho e até chegar a um acidente. Por exemplo: não apertar adequadamente os parafusos da roda do automóvel pode fazer com que ela se desprenda, e o carro se desgoverne, saia da pista e se choque com uma árvore.

Uma coisa leva à outra rapidamente. Se podemos evitar o primeiro erro, dando a devida atenção aos parafusos de nossos negócios, tudo pela frente estará salvo.

Melhor dizer com exemplo.

Ano de 1980 – Menosprezou o mocinho da sua história – Uma bolada na cara.

O local, o então território federal de Rondônia, hoje Estado de Rondônia, Brasil.

Na época, o dito território borbulhava de imigrantes vindos de todos os cantos do Brasil. Era uma versão do velho-oeste brasileiro. Parece que a humanidade havia combinado avançar de leste para oeste, todos ao mesmo tempo.

Naqueles dias, as oportunidades de prosperar financeiramente estavam disponíveis a quase todos que se interessassem por isso. O momento era realmente o que se diria, outra época.

O que hoje parece absurdo ou proibido, naqueles dias era legal e incentivado. Por exemplo, o governo federal brasileiro, apressado, abriu as portas ao desmatamento e à ocupação do solo. Havia até um slogan "Integrar para não Entregar". Esse era o lema da campanha do Plano de Integração Nacional do governo federal brasileiro.

Qualquer atividade, no novo estado que despontava, tinha início com o desmatamento, usando a mão de obra abundante que chegava de todas as partes do Brasil.

Como sempre foi e é até hoje, lobos e cordeiros andam lado a lado. Ali chegavam os "caçadores empreendedores" em busca de suas realizações. Um desses era um senhor vindo do estado de Minas Gerais, não sei seu nome, nem onde o encontrar; não sei se vive ou se nos deixou, talvez esteja escondido atrás de sua moita. Não importa. Sua história é contada aqui pelo gol que não fez. Pena! Vou chamá-lo de sr. Zé Mané, mas deveria chamá-lo simplesmente Zé Mané.

Estava muito bem no jogo, parecia que seria a partida da sua vida. A ideia do sr. Zé Mané estava bem fundamentada, totalmente adequada a seu tempo e local. Ele cuidou muito bem de todos os detalhes de seu projeto.

O que saiu de sua pedra foi: empresa no ramo de embutidos, frigorífico. Produto: um tipo de linguiça rústica, dessas que o povo de Minas Gerais sabe fazer muito bem. O sr. Zé Mané também sabia, eu acho. Quando chegou ao novo estado, trouxe consigo todo o necessário para o empreendimento.

Seu projeto havia sido estudado minuciosamente, lido e relido, checado e rechecado mil vezes. Tudo estava nos conformes. Pronto para apertar o botão de start.

Vamos ver?

As máquinas e os equipamentos eram novos e de boa qualidade. O ambiente onde se instalou era adequado, limpo, claro, amplo e arejado. O suporte de água e energia elétrica estava resolvido, mas nada acontece por acaso, somente quando o ambiente está preparado.

O ambiente ali estava totalmente compatível com o projeto, tudo se encaixava. O novo estado era carente de mão de obra, os trabalhadores, predominantemente atuando na área rural, desmatamento e exploração da madeira, viviam a experiência de ter dinheiro no bolso e não saber muito bem o que fazer com ele.

A energia elétrica no estado era muito precária. Ora, se não conseguimos manter nossos alimentos em refrigeração por falta de energia elétrica, a ideia de fornecer proteína em forma embutida, suportando temperatura ambiente, viria a calhar.

As duas pontas, entrada e saída, estavam prontas para serem conectadas e consolidar o projeto do sr. Zé Mané. Na porta de entrada, a matéria-prima principal, o porco e o boi estavam bem pertinho de casa. A porta de saída, a mais simples e funcional das ideias, vender à pronta entrega, caixeiro viajante com visita semanal.

Só que...

Uma coisa estranha se observava quando o sr. Zé Mané, radiante de felicidade, com o pensamento do já ganhou, comentava como seria seu produto, a fórmula da linguiça mais precisamente. A cada cinco frases ditas por ele, uma era "isso é para pião". Esse "pião", no dicionário, quer dizer pessoa sem formação e que executa trabalho braçal. Sobre a fórmula da linguiça, era um punhado de porcarias e um quase nada de carne. Isso é para "pião" mesmo. Insistia, quase como um slogan de seu negócio.

Quem ouvia, pensava, será que "pião" não tem gosto? Come qualquer coisa? Estranho!

E continuou, isso é para "pião". Cansou até.

Iniciou-se a produção, tudo certo; saiu para as vendas, tudo correu bem. Na semana seguinte, os pontos de venda estavam vazios . Os "piões" compraram tudo. Terceira e última semana do negócio, "puta que pariu, Zé Mané" na cara do gol! A linguiça está toda ali, quietinha, quase não tinha carne. O "pião" não a comprou. As coisas deram errado no último minuto do jogo. Difícil entrar para a história pelo gol que não fez.

O Zé Mané foi avisado. O cliente é o mocinho de qualquer história e sucesso. Não acatou as ordens, menosprezou e desafiou conceitos. O Zé Mané cometeu um grave deslize. Pisou na bola aos 45 do segundo tempo, não se deu conta de que o cliente é o mocinho de nosso negócio. Sempre.

"No bom restaurante, o cliente aparece e reaparece".

* * *

Quem nunca ouviu a conhecida citação de Shakespeare? "To be or not to be, that is the question"?

"Ser ou não ser, eis a questão."

Ao responder a famosa frase citada, eu diria que a questão é inteiramente pertinente a você, e somente sua é a escolha. Ser um, ou ser o outro, eis a questão, *to be* Zé Mané ou *to be* sr. José Manoel.

Três palavras formam frases causadoras de grande estrago: ignorância, vício e distúrbio mental. Fora isso, o mundo teria que se preocupar apenas em não criar problemas com coisas pequenas. A resiliência consegue pacificar as três.

Resiliência é uma palavra bem presente no empreendedorismo, geralmente mais usada no ponto de partida da estrada que conduz o empreendedor da pobreza para a riqueza. Porém, não confunda resiliência com rebeldia perniciosa. A rebeldia excessiva pode ocupar o espaço destinado à razão, e dificilmente esse tipo de comportamento encontra lugar no empreendedorismo.

Certas pessoas levam consigo esse mal por gerações, passam pela fase do amadurecimento e se esquecem de deixá-la em uma gaveta; algumas persistem até a beira da geração que desaparece, outros até adentram nela também. Que ganharam com isso? Nada. Só perderam.

Orgulhar-se dos erros, bater no peito e dizer que não se arrepende de nada. Como pode isso?! Os arrependimentos servem para alguma coisa, como nos lembrar por exemplo, o quanto dói um tornozelo torcido. Já a falta deles só nos envergonha.

Se passa pela sua cabeça tirar vantagens em seu negócio, a exemplo do senhor sr. Zé Mané, desista. Ninguém tem vantagens sobrando para dar. Você pode consegui-las, desde que haja uma troca justa. Eu lhe dou um bom produto, uma boa assistência, um preço razoável, e você me dá a dita vantagem. Quantos negócios com boa perspectiva desapareceram do mapa por conta dessa ideia egoísta.

No empreendedorismo, o mundo pode cair no chão por conta de um pequeno tropeço, imagina o estrago que faria uma grande falha, como não saber vender. Da mesma forma, um negócio pode subir até o topo desse mesmo mundo se houver uma boa estratégia de vendas.

Vender é o que devemos aprender a fazer com esmero. Todos nós, pessoas ou entidades, estamos sempre vendendo alguma coisa; o mecânico vende seu trabalho; o pintor, sua arte; a puta, seu corpo; a indústria, seu produto; o escritor, seu livro; a igreja, a fé; o padeiro, o pão; o falsário, a mentira; o professor, o saber; o caminhoneiro, o transporte; o pastor, a esperança; o lixeiro, a limpeza; o médico, a cura; o policial, a segurança; o palhaço, a graça; o bicheiro, a ilusão. Todos nós, de um jeito ou de outro, somos vendedores.

* * *

Financiamento e parcerias

Buscar financiamento e parcerias, pelo método tradicional, todos sabem o caminho.

Eu mesmo não estaria confortável em comentar sobre o tema, mas posso contar como o senhor Gregor, um suíço, resolveu isso, as duas coisas em grande estilo, sem ir ao banco.

Ano de 2008, Zurique, Suíça.

Em viagem, voltando da China, o professor Lecco fez uma parada para descansar em Zurique e se ajustar ao fuso horário. Domingo de manhã, tempo bom, após o café da manhã, sossego absoluto, o professor saiu para uma caminhada; ali pertinho entrou em um supermercado. Tudo arrumadinho, cheiroso, visual maravilhoso, coisa de suíça.

Uma coisa curiosa aconteceu. Uma pessoa entrou portando uma sacola, caminhou até uma parede onde tinha dois ou três buracos, de dez ou 15 centímetros de diâmetro. A pessoa tirou da sacola umas cinco ou seis garrafas pet vazias e as empurrou, uma a uma, dentro do tal buraco. O barulho explicava tudo, as garrafas estavam sendo trituradas. Logo que cessou o barulho, saltou do sistema um papelote, que o professor supôs serem dados do peso do que foi triturado. O cliente pegou o papelote e partiu.

Professor Lecco foi até um atendente próximo e perguntou o que era aquilo. Era o negócio do senhor Gregor, ele aproveitava as garrafas para fazer mangueiras. A fábrica dele era na mesma rua, após a ponte.

A curiosidade estava à flor da pele do professor Lecco, que flutuava em ideias e não havia agarrado nenhuma delas. Ainda.

No dia seguinte, ligou para a fábrica, e adivinha quem atendeu? O próprio senhor Gregor. Ele foi muito gentil e atencioso. Entendeu que o professor estava muito interessado em conhecer sua história e fechou a conversa assim: "hoje, agora exatamente, não posso atendê-lo, mas, se quiser vir às 17 horas, eu poderia recebê-lo. Pode ser?".

Combinado.

Acompanhando os costumes suíços, dois minutos antes da hora marcada, o professor Lecco tocou a campainha. Quem atendeu? Errou... a esposa.

O ambiente estava bem preparado para receber uma pessoa vinda de um país distante. Deu para entender por que o sr. Gregor escolheu aquele horário. Uma mesa repleta de coisas gostosas estava pronta, um maravilhoso café da tarde. Antes de atacar as guloseimas, o sr. Gregor arrastou o convidado para conhecer sua fábrica. As máquinas não eram sofisticadas, porém simples e funcionais. Os produtos eram dois, mangueiras e uma espécie de cano, para serem usados na área rural.

O sr. Gregor, orgulhoso e ansioso em contar sua história, tanto quanto o professor Lecco em ouvi-la, começou:

"Estamos há 30 anos com isso. Aproveitei esse local, que era uma leiteria de meus pais. Na época, não tinha dinheiro para uma coisa nova e não queria continuar com o negócio de leite. Daí, soube do fabricante dessas máquinas e fui até ele. Sua fábrica era, e é até hoje, em Taiwan. Conheci lá o sr. Cheng, e nos demos muito bem. Expliquei a ele minha ideia e propus arrendar as máquinas ou dar-lhe uma participação societária em minha empresa, coisa de 40%, pois não tinha dinheiro. O sr. Cheng optou pela segunda. É meu sócio até hoje.

Durante esse tempo todo, algumas coisas interessantes aconteceram, uma delas é que o sr. Cheng, tempos atrás, estava com um certo problema em vender suas máquinas, concorrência chinesa, e me pediu uma ajuda financeira. Agora sou também sócio em sua fábrica de máquinas.

Temos parceiros por arrendamentos na China e em outros cinco países. O sr. Cheng e eu pensamos da mesma forma, acreditamos que no empreendedorismo não se vai a lugar nenhum sozinho. No mínimo, precisa-se de dois para dançar tango.

Ver o que não existe é um ato comum em certas pessoas. Da mesma forma, ou mais intensamente, algumas pessoas não conseguem enxergar o simples, o óbvio. Daí, um empurrãozinho de alguém de fora pode ajudar.

* * *

Quando e como nascem os novos negócios?

Nasce um novo negócio quando há uma ideia comercial e um ambiente preparado para o seu desenvolvimento.

Como nasce um novo negócio? Quando se aplica a essa ideia comercial a força da dedicação e da disciplina.

E de onde vem a necessidade de empreender? Às vezes, não vem somente pelo desejo livre de criar um negócio. Claro, deve-se ter uma boa dose de talento, todavia o baixo salário pode ser um convite para ser seu próprio patrão. Quando o dinheiro que entra em casa vem apenas de salário, é sempre a mesma coisa, vale tanto para aquele que vive no país das maravilhas quanto para aquele que sobrevive naquele país com cara de inferno.

Recebem-se bem menos que dez, e gasta-se bem mais que nove. O que sobra? Somente a ideia de empreender. Motivo forte para criar o próprio negócio.

A decisão de criar um negócio

Deve-se aproveitar aquele momento de clareza súbita da mente e decidir. Capacitação completa para o melhor, e mais ainda para o pior. Se este aparecer, o que não é tão raro, não é motivo para pular da ponte. Às vezes, a teoria e a prática se estranham um pouco, mas não quer dizer que é o momento de desistir. Não mesmo. Busque ajustes e siga. Isso é e será a normalidade na vida de uma empresa, sempre se ajustando ao tempo, enquanto há tempo.

* * *

O Sr . Arthur (nome fictício)

Dentre algumas coisas boas citadas a seguir, uma não seria bem recebida, creio eu, pelos ouvidos do personagem sr. Arthur.

Homem inteligente, gangorra do equilíbrio de ouro bem nivelada. Boa visão de futuro e gosto pelo pensar. Só um pequeno desnível na gangorra, no quesito que pesa "não ser preguiçoso, nem excessivamente trabalhador". É nesse ponto que a história do sr. Arthur se mostrou ser interessante, e podemos tê-la como exemplo.

Dentre os pontos da gangorra, o da preguiça e do trabalho, a ponta preguiça pesava um pouco mais que a outra. Essa preguicinha ajudou, e muito, o sr. Arthur.

Antes, umas coisinhas sobre o sr. Arthur, só para situá-lo na história.

Hoje nosso personagem já tem 74 anos, e a vida o tem tratado muito bem por conta dessa sua engenhosidade no trabalho.

Agora sim...

Quando jovem, no final do curso de Administração de Empresas, em um churrasco com os colegas na área rural, a 30 quilômetros do centro, o então estudante Arthur olhou para sua esquerda e viu uma grande empresa extraindo areia. Olhou à sua direita e viu uma pedreira, à sua frente, uma fábrica de cimento. Qual estudante de Administração não se interessa por empresas? Arthur se sentou e pensou que aqueles três elementos (areia, pedra e cimento) poderiam fazer alguma coisa. Guardou para si a ideia.

Poucos dias mais tarde, xeque-mate! Ele se deu conta de que as duas pontas do seu futuro negócio funcionariam. Ele, a areia, a pedra e o cimento estavam a menos de 30 quilômetros de uma cidade próspera, com mais de 2 milhões de habitantes. Pessoas com poder de compra. Cenário perfeito.

E agora? Como fazer isso decolar? Arthur era bom em pensar, trabalhar com a cabeça, mas o esforço físico não era bem a sua praia.

A pesquisa, Arthur considerava feita. Partiu para o projeto .

Qual a pretensão de ganho? É a pergunta inicial. Lembra? Entender e definir essa questão.

Não tenha medo! Na calculadora cabe qualquer número, e o leque de possibilidades é enorme, parece mais um rabo de pavão do que um leque. O embrião do seu futuro negócio se forma aqui, logo após você estabelecer seu cifrão.

Arthur carimbou o seu, falando em dias de hoje, 50 mil reais (coisa igual a dez mil USD) líquido de impostos e outros por mês. Fechou.

O projeto andava bem, tudo seguia com boas perspectivas, mas o ambiente à volta de Arthur estava meio silencioso, um pouco triste, talvez a falta da escola que viria logo... *plim plim*! Ideia complementar: convidar alguns colegas de sala para participar do nascente empreendimento. Quatro deles seria o suficiente, cada um no seu quadrado. Arthur ficaria com a administração geral da coisa toda.

QUER SABER? VOU SER EMPRESÁRIO! PRONTO, FALEI

Agora era refazer o cifrão. Não seria mais 50 mil reais, teria que apresentar um número convincente e possível de conseguir.

Arthur pensou, nisso ele era bom. O cifrão pode ser bem diferente de uma para outra, então isso não é problema. Os números sempre cabem na calculadora, e é possível fazê-los verdadeiros.

O projeto a ser apresentado ficou assim: a meta de lucro líquido da empresa foi de 150 mil reais por mês; 50 mil para Arthur e 25 mil para cada um dos quatro participantes. Projeto apresentado, analisado, confirmado, aceito e comemorado por todos. Saiu do papel, andou, bem por sinal.

Arthur me disse recentemente que eram todos comprometidos com suas funções, até demais. Vez por outra, alguém chegava a sair do seu quadrado para colaborar com o colega. O desejo de cooperar era forte. Um deles, ia me esquecendo, nada tinha a ver com as vendas, mas foi quem teve a ideia de usar a linha de trem que passava ao lado para conseguir cliente a 2 mil quilômetros da fábrica.

Houve uma perda na sociedade, quando um deles saiu. Os três remanescentes sugeriram não o repor e assumiram sua função. Isso não impediu que a empresa crescesse e não perdeu o contato com a modernidade.

* * *

Por que empreender nos países latinos? Porque são países livres e quase todos esperam pelo seu desenvolvimento.

Angola, por exemplo, com mais ou menos 35 milhões de habitantes, segunda nação de língua portuguesa, está pronta, ou melhor, estaria pronta e esperando pelo empreendedor, caso algumas coisas ainda não bem compreendidas fossem explicadas.

Tudo está para ser feito em Angola, à espera do empreendedor, nas áreas de educação, serviços, saúde, agricultura, no setor da construção civil e, principalmente, como em todo mundo, da tecnologia da informação.

Há muitos setores com campo fértil para se empreender em Angola. Talvez um dos principais seja a área da agricultura, produzindo alimentos ou insumos. Na área da indústria, sempre há espaço, sobretudo aquelas vindas da agricultura.

Também arriscaria empreender na área de turismo, principalmente na cidade de Luanda, que já se aproxima de 3 milhões de habitantes, com um fluxo razoável de turistas, aproveitando o embalo que o país está esperando pelo seu sonhado desenvolvimento.

O principal motivo para se empreender em Angola, entendo eu, é que o país foi realmente agraciado pela natureza. Sobre as possibilidades de sucesso na área da agricultura, por exemplo, poderia escrever dez ou 12 páginas só de coisas boas, ressaltando que o país já foi um dos maiores produtores de café do mundo. Angola foi autossuficiente na produção de milho, hoje não é mais. E por quê? Explora apenas 2 milhões de hectares de maneira rudimentar, em uma área virgem de 45 milhões de hectares propícia à agricultura e à pecuária .

Sei que o país tem sido palco de muitas lutas desde 1966. Sei também que o honroso povo angolano paga por isso um preço alto até hoje. Creio que, para o empreendedor, o campo minado em solo angolano não seria um problema tão grande, pois a força do empreendedorismo resolveria isso. Com certeza.

As bombas ou minas enterradas ali não seriam desculpas. Não haveria outro problema? Não custa perguntar. O governo angolano tem real interesse no desenvolvimento de seu país e de seu povo? Não custa perguntar. Não haveria forças externas interessadas em manter as coisas como estão? Aquelas mesmas forças que sempre estão adiando o sonho africano de se desenvolver? O que há realmente no solo angolano? Será que os donos desse país residem em Luanda? Ou fora?

Há alguém para nos explicar isso? Sim, eu acho.

A jornalista e escritora Cristina Martín Jiménes, em seu livro Os Donos do Mundo .

O solo minado em Angola não daria o caso criar negócios por encerrado, a força do empreendedorismo poderia destruir essas barreiras. Basta lembrarmos que há no mundo uma razoável quantidade de grandes empresas que nasceram das cinzas da guerra.

Angola estaria, eu disse estaria, a meu ver, dentre os dez melhores países do mundo para se empreender. Dar uma olhadinha nesse torrão africano não é má ideia.

Despertar para o empreendedorismo ajudará você, sua família e seu país.

* * *

Por que empreender no Brasil?

Às vezes, buscar o caminho de um negócio próprio não é uma opção, e sim uma necessidade. Em alguns países, os baixos salários empurram trabalhadores para esse rumo. Penso que esses salários minguados são um dos principais motivos pelos quais há tantos brasileiros, mais que a média mundial, com a ideia de deixar seus empregos e criar seu negócio próprio.

Entendo que a lei trabalhista brasileira tem sido, até aqui, a autora quase exclusiva dessa situação desconfortável. Criada em 1943, cheia de boas intenções, cumpriu o seu papel. No entanto, com o tempo, essa lei deixou aos poucos o simples e foi se enchendo de penduricalhos, cujos legisladores não se deram conta de que, de uma forma ou de outra, tudo entra na contabilidade.

Os custos das vantagens dadas aos trabalhadores empregados foram contabilizados a seu desfavor, fazendo com que, dia após dia, seu salário fosse perdendo o poder de compra.

Após 80 anos da lei trabalhista, o salário do trabalhador brasileiro foi reduzido a uma mixaria. Quase nada. Essa condição pune o país como um todo. Não é só o empregado que reclama e sofre com seu baixo salário, o governo deixa de arrecadar, o empregador deixa de vender, e assim todos perdem.

Então, por que empreender no Brasil? Por que criar um negócio em um país com a maior carga tributária do mundo? Por que falar tanto do Brasil? Como se fosse o único país das Américas? Porque é um assunto que interessa a todos os pretensos empreendedores do planeta.

Se uma atividade empresarial funcionou no Brasil, nos demais países, funcionará melhor ainda. O Brasil é único no mundo quando se fala em carga tributária, mas também é candidato a subir no pódio quando se fala em burocracia. Esse binômio é uma normalidade no maior país do continente sul-americano, e não é de agora que se fala isso, não foram esses embaraços criados por brasileiros contemporâneos, esse castigo vem de longe, antes mesmo da data de sua independência que nunca teve.

A lei trabalhista no Brasil, um horror. Tanto para o empregado quanto para o patrão, não agrada um e desagrada completamente o outro.

Um país cuja lei tem o maior nível de encargos e direitos trabalhistas do planeta, e mais de 80% das questões trabalhistas no mundo estão no Brasil. E a corrupção? É grande. E a burocracia? Também grande. Aliás, nesses dois quesitos, não se trata de exclusividade brasileira, parece que o mundo todo perdeu a vergonha.

Perguntei-me como são os outros países em relação a isso e me senti em queda livre, perdendo o contato com a decência. Estão todos loucos, mas parece que o Brasil sabe muito bem o quanto é difícil para seus filhos viver como assalariados, por isso preparou para eles algumas entidades de apoio com grande relevância, a fim de ajudá-los a criar seus negócios. O SEBRAE por exemplo, força maior ao empreendedor brasileiro, criado em 1972, com mais de 800 pontos de atendimento, presente em todas as unidades da Federação, oferece cursos, seminários, assistência técnica e consultoria para o empreendedor incitante e até para os mais experientes.

Outras importantes instituições de apoio às empresas estão aí disponíveis para dar impulso aos novos negócios. Até um ministério foi criado, em 13 de dezembro de 2023, o Ministério do Empreendedorismo, da Microempresa e da Empresa de Pequeno Porte (MEMP).

Então, por que empreender no Brasil? O Brasil não é um país territorialmente diminuto. Sua área é uma das maiores do mundo. Seu solo é praticamente todo aproveitável e totalmente livre de intempéries. Sua população é considerada razoável. Além disso, outro motivo, talvez o principal, é a liberdade. Para o empreendedor, quando se tem liberdade, o resto se dá um jeito.

Vou dar aqui um empurrãozinho ao pretenso empreendedor brasileiro, você vai sim pagar uma alta carga tributária, se não for a maior do mundo, com certeza é a segunda. Porém, se quer mesmo o primeiro lugar, é só esperar um pouquinho. Se serve de consolo, vou lembrá-lo que seu vizinho empresário aí da frente paga a mesma coisa, seu concorrente da próxima quadra também. Então, poderíamos deixar por conta dessa situação o seguinte: quando uma dor alcança a todos, seria como se essa dor não provocasse dor a ninguém, ou um pouco menos, talvez não doesse tanto.

Veja quem é o Brasil.

Com mais de 200 milhões de pessoas prontas para comprar os mais diversos tipos de produtos e serviços, o Brasil é um dos melhores países do mundo para se empreender. No mercado brasileiro estão compradores, com poder de compra razoável, com suas carteiras quase abertas, dispostos a consumir todos os tipos de produtos. Bolsos e gostos variados, em abundância.

A economia brasileira, meia turbulenta às vezes, mas confiável a meu ver, em certas circunstâncias, pode dar ao empreendedor iniciante a esperada oportunidade, pois o mercado brasileiro, em certas ocasiões, ajuda o novo empreendedor a encontrar espaço para entrar no mercado com um novo negócio ou produto.

O mercado brasileiro é receptível, bem diferente da economia de países ricos. Imagina você entrar com um novo produto em um dito mercado saturado, Japão, por exemplo. Só entra com uma nova marca de café, se algum antigo fornecedor desocupou um espaço na prateleira.

O povo brasileiro oferece chance ao novo. Se você está no Brasil, dê uma olhada no estado de Santa Catarina. O histórico dos catarinenses é maravilhoso e nos serve como exemplo.

Ali há uma certa carência, faltam muitas coisas: mão de obra, espaço, tempo, caminhão a mais para transportar a produção, terra para se plantar entre outros. Contudo, o que não falta por lá é o empreendedorismo e boa vontade de trabalhar.

Veja as empresas que nasceram ali e se fizeram grandes, no Brasil e fora dele. O combustível usado na construção dessas empresas sempre foi o mesmo, inteligência fina e uma boa dose de trabalho.

Países como Portugal e Espanha estão arrumados e prontos para se empreender. Os demais países latinos, os desarrumados, também. Esses últimos, às vezes, melhor que os outros para se criar negócios.

No empreendedorismo, as grandes ideias não caem do céu nem em pencas igual banana. As calmarias geram comodismo e tardam as ideias empreendedoras. Algumas vezes, um fator impulsionador de ideias importantes vêm de situações difíceis. As dificuldades, as catástrofes em incontáveis momentos de nossa história, têm empurrado senhores e senhoras ao sucesso, quase sempre na direção do empreendedorismo. Muitas grandes empresas ou marcas surgiram das cinzas da guerra.

* * *

Alguns grandes países estão hoje com cara de quem está fechado para reforma, como Japão, Alemanha, Inglaterra, França, que estão no momento caminhando lentamente atrás do fluxo do mundo, sem saber exatamente a quem abraçar. Oriente ou Ocidente? Parecem paralisados, se perguntando o que foi que a China fez. Outros países se perguntam o que não fizeram. Estou me referindo aos desarrumados países sul-americanos.

Por que muitos países são pobres? Não seria por que eles são naturalmente ricos? Aceitaria ver alguns exemplos?

A Bolívia é um país agraciado pela natureza, estive lá cinco vezes. A primeira foi na década de 1980. Em conversa particular, o ministro de mineração me falou sobre as dificuldades que enfrentavam com relação ao preço custo e preço venda da cassiterita, já que o preço de venda era determinado pelo comprador. Difícil entender uma coisa assim, não é? Confesso que no momento também não entendi. Só bem depois é que minha ficha caiu.

A natureza foi generosa com a Bolívia, que parece estar recebendo um severo castigo por isso. É um país rico em estanho, prata, petróleo, lítio e gás natural. Por que o sonho de se desenvolver nunca chega? Será que os donos da Bolívia residem em La Paz?

A imponente Argentina, tempos atrás, foi a nação mais culta do mundo. Como pôde perder um título dessa importância? Será que seus orgulhosos cidadãos não buscarão retomar esse troféu?

A Venezuela, nos anos de 1950 a 1980, apelidada de "Venezuela Saudita", era um paraíso sul-americano, tinha o quarto PIB do planeta e era um dos países mais importantes do mundo, quase sem desemprego. Como pode estar sobre a maior reserva de petróleo do mundo e chegar aonde chegou? Uma coisa é certa, o povo venezuelano não fez isso sozinho. Os interessados nas riquezas da Venezuela residem em Caracas?

O Peru está fora disso, em parte. Por sorte sua história é rica, e seus recursos naturais não têm chamado muito atenção de mãos poderosas.

O Chile é o maior produtor de cobre do mundo, e a maioria dessa produção vem de uma só mina, Chuquicamata, que é a maior mina a céu aberto do mundo. Se você pensa que o metro quadrado mais caro do mundo é no bairro Tsim Sha Tsui, em Hong Kong, Avenida Paulista, em São Paulo, Champ Elysees, em Paris, ou Quinta Avenida, em Nova Iorque, errou. Melhor apostar em Chuquicamata.

Isso não tem chamado atenção dos donos do mundo?

Equador e Colômbia também não ficam muito distantes dessa condição.

Por que Paraguai e Uruguai caminham tranquilamente, não estão eles nem aí para o mundo? Possuem IDH dos mais altos da região, Uruguai quase sem corrupção, incluo também o Chile. O Paraguai tem a menor carga tributária entre os países sul-americanos e um povo feliz. Tudo por ali anda bem. Seria por conta do petróleo que não tem?

Brasil, México e Argentina tiveram sua industrialização tardia, mas a tiveram. O Brasil era um dos países mais industrializados do mundo, fabricava de tudo, desde um simples abridor de latas até um navio. Veio assim até que a China deu um fim nisso.

Os tentáculos da China são, não podemos negar, abrangentes, abraçaram todo o planeta. Como esse país construiu uma base econômica tão envolvente? Não foi por acaso, isso posso afirmar.

Você se interessa em saber? Antes, preciso me apresentar.

Tenho formação em contabilidade, nunca fechei um balanço, tive brevê de piloto, não voo mais, fiz aulas de culinária na mais famosa escola do mundo, não cozinhei mais que três bifes, passou do ponto dois, tenho conhecimentos em administração, só administrei minha vida, experimentei ser professor, não terminei o primeiro ano letivo. Comecei no empreendedorismo, não parei mais.

Como empreendedor, não sei se deu certo. Estive envolvido com isso nas últimas quatro décadas e, quando me dei conta, as coisas já tinham mudadas, os boletos a pagar, aqueles pequenos sumiram, os grandes ficaram pequenos. Será que deu certo? Quem sabe deu, e eu ainda não percebi. Estou confuso agora. Será que foi o vinho da festa que me confundiu?

Tenho uma Holding que controla três empresas, uma delas com projeção nacional. Estou entre aqueles agradecidos por filhos e netos por ter lido este livro, sim esse mesmo, ele já existia dentro de minha cabeça desde a minha juventude.

No quesito empreender, continuo me perguntando, será que deu certo? Não sei, não me lembro. Eu estava concentrado nessa coisa de empreender, nem notei. Aliás, acho que minha memória não anda muito boa. Eu me esqueci de muitas coisas que antes fazia constantemente, financiar um carro, uma casa, dar um cheque pré--datado. Eu sabia fazer tudo isso de cor. Não tenho ideia como se faz hoje. Será que essa coisa de empreender faz isso com a gente? Esquecer tantas coisas?

Falando em esquecer, acho que o gerente do banco se esqueceu de mim, há décadas não me liga. Antes de eu empreender, ligava toda semana, comentava gentilmente sobre o saldo negativo de minha conta. Nunca mais me ligou, fiquei intrigado com isso. Dias atrás, pedi à minha assistente, Cristina, que ligasse para ele perguntando o que houve, se tinha eu feito alguma coisa errada. Ela ligou e me retornou, informando que está tudo bem, que o gerente se lembra muito bem de mim, mas agora ele fala diretamente com meu gerente financeiro. Ele liga toda semana, ontem mesmo ligou, oferecendo umas boas oportunidades de investimento.

Coisas estranhas que o empreendedorismo faz.

Estive na China, pela primeira vez, nos anos 1990. Não perdi contato com esse maravilhoso país até os dias de hoje, 2024, ano do Dragão.

Durante todo esse tempo, foram 13 viagens em voo direto Brasil/ China e mais 15 entradas via Hong Kong. Tomei chá de flor de jasmim em mais de 200 empresas chinesas. Comi em seus refeitórios, falei com seus funcionários, senti realmente a vida chinesa bem de perto. A China tem meu respeito e minha admiração.

Por que nós, latinos, temos que falar sobre a China? Simples, porque não há hoje um só país no mundo que não tenha alguns ricos por conta de parcerias com empresas chinesas. A China é uma excelente oportunidade de negócio para todos aqueles que habitam esse planeta.

Quando se pergunta o que a China fez, a resposta é que ela fez ricos. E o que vai fazer? Ricos. Esse país é uma enorme fábrica de fazer ricos, tanto para o mercado interno como para o externo.

Na China, há mais ricos hoje do que a população dos Estados Unidos e México juntas. Essas conquistas todas não vieram por acaso. O país estudou muito bem, se capacitou para essa grande façanha que fez. Quando o dragão pintou na área, o ambiente estava totalmente preparado para recebê-lo.

Soube que a China tem planejado sua trajetória de sucesso há mais de 50 anos . Alguns estudiosos do assunto dizem que essa ideia de empreender para si e para o mundo vem de mais de 90 anos. Eu mesmo encontrei relatos históricos de que, em 1920, a China já iniciava um projeto de produção agrícola, com a ideia de encaminhar o excedente de produção à exportação. Assim se iniciou a base da indústria chinesa.

O caminho que o país trilhou foi desenhado por grandes líderes, que souberam estimular o desejo de seu povo a ser uma grande nação, despertou neles dedicação ao trabalho de modo disciplinado.

O que foi que a China fez? Sem dúvidas, o maior empreendimento financeiro já feito por um país em toda a história.

Como seria empreender em um país assim? Quatrocentos milhões de pessoas com dinheiro no bolso, emprego aos montes e crescendo a cada ano?

Para aqueles que estão agora com os pés sobre o solo chinês, digo, sem nenhum medo de errar, vocês estão no melhor momento da história e no melhor lugar do planeta para empreender.

Se para aqueles que pisoteiam o solo chinês, o bom momento de criar um negócio é hoje, e para os demais? Aqueles que estão fora da China? Para esses, é melhor considerar o mundo como uma só pátria e ser amigo do Dragão.

* * *

Qual o momento para iniciar um negócio?

O melhor momento para reparar o telhado é em dias de sol, quando não seria necessário ainda usar um guarda-chuvas, todos sabem muito bem disso.

Se não, em meio à tempestade, seríamos obrigados a empreender, digo, reparar por força maior.

Não é sugerido esperar por um momento próspero para iniciar um negócio. A história tem nos mostrado, em diversas ocasiões, que os momentos difíceis sempre estiveram à espera do empreendedor.

Fugir de situações difíceis pode significar perda de oportunidades. Aquele que abandona seu país em chamas pode estar perdendo oportunidades financeiras, pois, logo após uma destruição, aparecerá alguém ganhando com sua reconstrução.

* * *

A identidade empresarial, a bandeira, as cores, a marca e o nome de fantasia não são pormenores, são detalhes que adiantam, empurram ou podem encurtar a vida de uma empresa.

Um nome forte e apropriado pode não trazer tantos benefícios, porém um desastroso com certeza fará um enorme estrago. A boa ou má escolha do nome de uma empresa atuará como se fosse um apito com dois diferentes silvos, um convida seu cliente a estacionar aqui por perto, o outro, o afugenta.

Nesse caso, não seria melhor pensar em uma fachada profissional? Não importa o tipo de negócio que tenha escolhido, seja vender coco na praia ou uma lanchonete à frente da escola, uma livraria ou um laboratório farmacêutico, ambos são iguais quanto à necessidade de um bom planejamento, incluindo o nome, a marca, a cor entre outros.

Exemplificando algumas escolhas *suicidas*

Uma lanchonete em Madri com o nome de fantasia "Lancheria Real" não se apresentaria simpática aos olhos dos torcedores atleticanos. Na Argentina, a lancheria Boca talvez envenenasse o pastel dos Platenses. No México, os Pachucas teriam uma certa indigestão ao comer na lancheria Chivas. Em São Paulo, a lanchonete "Verdão" poria a distância os preciosos clientes são-paulinos, corintianos e santistas. Acho que é bem claro isso, concorda? Quem não entendeu isso é porque estudou pouco ou leu o livro errado.

Por força do nome apenas, o aconchegante ambiente da Livraria Capitalista deixaria de ser um recinto confortável e agradável para os leitores socialistas e comunistas. O nome é sim importante, todavia o conteúdo das últimas linhas foi uma brincadeira. A verdade é que as torcidas civilizadas respeitam seus rivais e torcem por um bom espetáculo antes de tudo, do mesmo modo os leitores comunistas e socialistas teriam sim muito gosto em discutir suas antagônicas ideias com os capitalistas.

* * *

Marca, fazer a sua ou licenciar uma com a cara de seu negócio? Esta última poderia ser uma boa alternativa já que, para se tomar um copo de leite, não se tem necessariamente que comprar uma vaca.

Correlacionados, e não menos importantes, é sobre sua fé. O futuro empresário deve considerar o seguinte: nos países latinos, as pessoas vivem umas ao ladinho das outras praticando distintas religiões. Ver que talvez em um único quarteirão convivem em perfeita harmonia cristãos, hindus, budistas, muçulmanos e até alguns ateus. O empreendedor deve enxergá-los a todos como iguais. E são.

Sua própria religião, portanto, deve ficar guardadinha consigo. Ninguém, nos países latinos, está proibido de praticar livremente esta ou aquela religião. Da mesma forma, ninguém é forçado a seguir uma religião que não queira. Saímos, há um tempão, da Idade Média. Vejo essa situação como simples, mas muitas pessoas não se dão conta do quão importante é isso para a saúde de um negócio.

Também a política, deixe-a com os políticos. Isso não o fará menos patriota. Cada um faz a sua parte. O governo governa, o empresário administra sua empresa, e o padre reza a missa.

* * *

A paixão por criar um negócio nunca para, e o sucesso é feito quase sempre por atitudes ousadas. Aquele que anseia por um trabalho independente veio ao mundo exatamente para isso.

Condições imprescindíveis para seu negócio, em qualquer país que se esteja empreendendo.

Antes de tudo, a formalidade. Estar totalmente dentro da lei e observar todas as regras que regulam o tipo de seu negócio é o mínimo.

Analisar e escolher cuidadosamente o tipo de empresa é adequado a seu projeto de empreendimento. Nos países latinos, mais de 90% dos negócios em atividade são feitos por empresas de pequeno porte.

Criar sua equipe de colaboradores comprometida com os interesses de seu negócio. Cada indivíduo capacitado e com absoluta responsabilidade a atuar no seu quadrado.

Sempre gostei da ideia de remuneração por produção. Melhor dividir lucros, isso incrementa e dá qualidade à produção, além de familiarizar sua empresa. Aqueles que não estão ligados diretamente à produção deverão ser criteriosamente escolhidos, os fornecedores, os colaboradores indiretos e o pessoal da contabilidade, por exemplo. Um ótimo contador só consegue fazer, no máximo, o necessário, mas um contador não muito atento, não muito capacitado, pode causar um grande estrago e até ser uma substância letal para o seu negócio.

Epílogo

Tudo pronto?

Aqui não é uma sugestão, é um conselho, se me permite.

Você deve acreditar na força do querer, em especial na força do seu querer. Sabe por quê? Porque você é órfão quando se trata de criar um negócio, principalmente o exclusivo. O inédito se rotula em princípio como revolucionário, e o novo, ao desbancar o antigo, de imediato assusta.

Ao se expor uma ideia inovadora incompleta, na fase de pesquisa ainda, ela pode ser vista como ridícula e provocar uma diminuição no ímpeto do criador. Não deve se preocupar com isso. Sempre será você o ator principal de sua peça, os demais, sempre coadjuvantes.

A arte de viver o empreendedorismo pode, por vezes, nos trazer algumas complicações. Pensar na própria felicidade, por exemplo, pode ser interpretado como um ato egoísta. O alcance de sua voz, às vezes chegará ao distante, mas nem sempre será ouvido pelos próximos. Igualmente os elogios, quando vêm, chegam de longe, as críticas dos vizinhos. Sempre foi assim, o bom pastor é o que veio de fora, porém, na contabilidade dos efeitos do empreendedorismo, nada disso importa, o valor maior é que seus filhos e netos agradecerão por você ter lido este livro e contabilizado as experiências nele contidas a seu favor.

Empreender faz bem a você, a seus filhos e a seu país.